U0070784

【感恩致謝】

- 向購買本書的讀者說聲謝謝，希望這本書能為大家帶來趣味，也讓大家對心理學和行為學有更多了解。

- 感謝徐芯、綺芸和兩元協助插畫和畫漫畫，也感謝 Ijea Studios 幫忙排版。

- 感謝何錦雲編輯、洪大、老爸、蔡姊、Victor Wang、陳于嬀主編、Wu TaYu 和 Joe Ding 等人鼓勵和協助本書完成，也感謝眾多親友幫忙票選書名。

- 感謝先施數位印刷、白象文化和大笑文化等單位協助。

- 感謝雷亞診所、桃園療養院、台大醫院、中國醫藥大學、聖保祿醫院、迎旭診所和陳炯旭診所大家的指導與照顧。

- 感謝陳于嬀主編長期以來的鼓勵。

- 最後要感謝我的家人及親朋好友，我若有些許成就，來自於他們。

目 錄

目　錄

推薦序 - 黃榮村

用趣味帶動學習　用樂趣學習心理

隨著社會變遷，人們的生活壓力與日俱增，導致心理也受到不少負面影響。而當今世界充滿物質慾望的誘惑，許多人常會追尋財富而迷失自我，僅有少數人會有心理上的滿足和平靜。心理學雖然相當複雜，但是林醫師藉由趣味淺顯易懂的例子和故事來介紹各種心理學和行為學效應，實屬難得。很高興能看到這本書問世，希望這本書能夠讓大家對心理學與行為學更加了解，進而改善生活品質或提升工作效益。

子堯是中國醫藥大學畢業的優秀校友，不僅品學兼優，也是該屆醫學系模範生，後來更當選全國十大傑出青年，其於行醫濟世之餘仍筆耕不輟，撰寫了多本書籍，現在又看到這本新書問世，樂為之序。

前臺大心理學系系主任
前教育部部長
前中國醫藥大學校長
中國醫藥大學生物醫學研究所講座教授

作者序－林子堯

我在門診行醫時，遇過一位注意力不足過動症加上正值叛逆期的國中男生，他喜歡玩手機遊戲、時常不守規矩、不交作業，還曾翹課拒學。老師和家長多次責備不但沒用，還曾因此鬧脾氣離家出走數天，讓父母相當生氣又擔心，後來經校方推薦來我診所看診。

台灣許多家長都是利用「獎罰」雙極方式來教養孩童，殊不知有些自主性高或正值叛逆期的小朋友，越被責備越要跟你「唱反調」，懲罰只會讓狀況更壞，甚至會惡性循環。當時我教導了那位家長幾個教養的心理學技巧，告訴他們應該減少責備頻率、多稱讚好的行為，加上我也教導他們第三種應對方式「忽略」，對於不好的行為用「忽略」來冷處理。三個月後小朋友對父母親的態度開始慢慢轉變，開始不再板著臭臉、有說有笑，也開始去學校上課，甚至電玩也打了不錯的成績，是個家長和孩子「雙贏」的局面。

人性很複雜，但仍有一些脈絡可尋。我自幼就對很多事情充滿好奇，後來成為精神專科醫師，花費了多年整理和研究各種有趣的心理學和行為學，加上結合精神醫學知識編撰成這本書，書中知識如果運用適當，對於生活品質、教養兒女、人際關係和戒除惡習來說是好處多多，甚至可以用來提升工作效率和銷售業績，希望大家讀得有趣又有助益。

本書若有可取之處，要感謝眾人的鼓勵與指導。內容如有缺失，則是本人才疏學淺所致，也希望諸位賢達不吝指正。

鯰魚效應

　　2014 年魏德聖老師編劇的台灣棒球電影《KANO》令人印象深刻，裡面有一段劇情是說木瓜樹的樹根如果被釘了鐵釘，木瓜樹會覺得自己快死了，反而會結出更大更甜美的果實，這現象說明當生命有危機意識時，會激發出更驚人的生命力和潛力，這跟鯰魚效應原理相似。

　　鯰魚效應（Catfish effect 或 Weever effect）的典故是源自西班牙人很喜歡吃沙丁魚，但沙丁魚被漁夫們捕撈上船後，因為儲存的空間狹小，魚兒們無法自由游動，沒多久就會喪失活力而慢慢缺氧死去，這些即將休克瀕臨死亡的魚被稱為「休克魚」。

　　死掉的沙丁魚口感不好，賣相和價格也差。因此漁夫想出一個讓沙丁魚活著回到港口的方法，就是將沙丁魚的天敵—鯰魚放入同一容器中，鯰魚會四處游動追逐沙丁魚。而沙丁魚為了躲避鯰魚狩獵，會快速游動逃命，進而保持了旺盛的生命力，讓存活率大大提高。

　　鯰魚效應發現透過加入外來的競爭者，讓原有群體激起了危機意識和競爭感，經營公司或管理團隊常會發現，如果組織長時間沒有更換新血或內部調動，成員慢慢的會開始出現無

聊和倦怠感，工作效率開始降低、越來越偷懶或是出現不做事的「老鳥」，甚至「上下交相賊」。這時候主管可以利用鯰魚效應的影響，定期招募新血或是調動人員，製造一些緊張感或新鮮感。

根據美國社會心理學家馬斯洛（Abraham Harold Maslow）的需求層次理論（Maslow's hierarchy of need），人到了衣食無虞的境界後，努力工作的目的就不再僅僅是為了賺錢，而是為了成就感、尊嚴、榮譽或夢想。所以把外來的鯰魚放到老團隊中時，那些老鳥為了維護自己在公司中的地位和影響力，不得不維護前輩形象而教導後進不敢偷懶。而菜鳥更是需要努力，避免自己被新來成員取代。

馬斯洛的需求層次理論

夢想
(自我實現)

自尊
(尊重、成就感)

歸屬感與愛
(友情、愛情、親情)

安全
(人身安全、生活穩定、免除痛苦)

生理需求
(空氣、水、食物、慾望)

運用鯰魚效應必須有以下前提：

- 團隊環境、工作內容或組織成員已經很久沒變化，比如團隊成員很久沒有增加，薪資待遇或職位很久沒有調整。

- 團隊已經出現「休克魚」或是「偷懶的菜鳥」，而他們也對團隊有不良的影響。

引進鯰魚時，要拿捏妥當，一來是鯰魚的刺激程度要適中，太小沒有威脅性的話，難以達到增加危機感的效果。太大會造成團隊內部的恐慌害怕甚至反彈。如果挑選鯰魚不當，不光是發揮不了鯰魚效應，還會產生很大的副作用，像是以下幾點：

- 團隊整體狀態還很好的時候就引進鯰魚，則會打擊團隊積極性和造成認同感降低，他們會認為主管對他們失去了信任。這時候員工的反應將會是把對工作的積極性轉化為破壞性行為，像是跟主管唱反調或是給新人下馬威等。

- 如果危機感過於強烈，甚至會讓部分員工覺得很生氣或完蛋了，可能會造成員工大量離職，另外也有可能造成部分偷懶員工感覺更沒有希望，進而徹底擺爛。

鯰魚效應
Catfish Effect

選擇性偏差

選擇性偏差（Selection bias）是指人們喜歡把事物過度簡單化為幾個類別，而在對事件因果分析時，常會過分強調某些類別的重要性，而忽略其他可能性，導致判斷錯誤或是造成錯誤結論。

以醫學為例，某些醫療機構可能會宣稱自己治療疾病的成功率極高，遠高於國際或台灣其他家醫院，令大家稱讚不已。但事實上他們可能只收留輕症患者，重症患者就轉到其他家醫院，而輕症的治療難度較低且治癒率較高，所以會形成該機構特別厲害的假象。這也是種選擇性偏差。

以新聞為例，新聞曾報導「喝葡萄酒的人長壽」，因為採訪長壽的老人發現很多老人都有喝葡萄酒習慣，就對民眾發出「喝葡萄酒會長壽」的建議訊息，但新聞卻嚴重忽略了那些長期喝葡萄酒導致肝炎或肝硬化而死亡的人，他們因為已經往生根本就無法接受採訪，所以新聞採訪到的民眾本來就已經經過篩選，而新聞卻選擇性的忽略了那些因為喝酒而死亡的民眾，這也是種選擇性偏差。

再以投資為例，許多投資者會認為好公司就是好股票，這也是一種選擇性偏差。其實當好公司的股票價格過高時，他

的股票就成了壞股票，壞的公司股票價格過低時也可能會成為好股票。

選擇性偏差出現的原因，在於人的大腦擅長處理與周遭人事物互動的關係，而不是進行數學統計。因此在大部分情況下，選擇性偏差是我們用來簡化日常生活的必要方法，但如果要推論因果關係、擬定策略或是施行改革時，過度簡化原因可能會導致可怕的後果，這時候就要思考自己是否犯了選擇性偏差的認知謬誤。

比方說如果投資者想要投資獲利，就必須保持理性並避免自己可能會犯的錯誤，而選擇性偏差正是其中一個常見的陷阱。世界著名投資家華倫·巴菲特（Warren Buffett）曾說：「一個成功投資者必須具備良好的分析能力，以及把自己的思想和行為從市場極易傳染的情緒中隔絕的能力。」

被譽為是美國「證券分析之父」、「華爾街院長」的班傑明·格雷厄姆（Benjamin Graham）也表示：「投資者最大的敵人不是股票市場，而是他自己。而最後成功投資者往往是那些性情穩定和理性分析的人。」

倖存者偏差

　　倖存者偏差（Survivorship bias），也稱為「生存者偏差」，屬於選擇性偏差的一種，是一種現實中特別常見的認知謬誤，所以在此特別把它獨立一個章節。

　　倖存者偏差指的是人們往往「倒果為因」，把結果不當歸因於某項簡單因素，而沒有意識到其他可能因素，因此誤判因果關係或真相。

　　比方說一場空難如果只有一位乘客生還，他又剛好坐在飛機最靠近機尾的位置，那就會有很多人馬上就認為機尾是最安全的位置，如果他本身是某個宗教的教徒，該宗教可能會聲稱是他們的神明庇佑了這位乘客。如果他本身是位過重的胖子，甚至可能會有各種推論和假說聲稱胖子的肥肉可以緩衝落地的撞擊力道，換句話說，只因為這位乘客是「倖存者」，所以他的任何言行或作為都很容易被放大解釋而錯誤歸因，但真相是如何，仍有待因果關係的釐清和鑑定。

　　1941 年第二次世界大戰美國有一個知名的「飛機防護案例」。美國哥倫比亞大學統計學的沃德教授（Abraham Wald）應軍方要求，研究轟炸機應該如何加強防護才能降低被炮火擊落的機率。

軍方把飛機中彈的區域分成四部分並加以統計，結果發現如下：

飛機的中彈區域	每平方英吋的彈孔數
引擎（Engine）	1.11
機身（Fuselage）	1.73
燃油系統（Fuel system）	1.55
其他剩餘部位總和 （Rest of the plane）	1.8

那麼先來考考你，如果你是軍方高層統帥，看到這份報告你會如何來強化飛機防備？

當時軍方發現返回的轟炸機機身（Fuselage）是彈孔密度最高的地方，因此推論機身是最容易被擊中的位置，而引擎（Engine）則是彈孔數最少的地方，應該是最少被擊中的地方，因此應該投資國家資源來加強機身的防護。

這種推測是直覺式也合乎正常人的判斷，但事實上是掉入心理學的盲點陷阱之中。

當時沃德教授強烈持相反意見，聲稱應該強化機尾的防護，他堅持認為軍方原來統計的樣本，只涵蓋還能平安返回的轟炸機，被擊中機翼的轟炸機還有可能返航，雖然返航的轟炸機機尾幾乎都沒中彈，但事實上並不是因為機尾真的比較少中彈，而是機尾一旦中彈，其安全返航的概率就微乎其微，也就是說，這些中彈後還能返航的轟炸機就是所謂的「倖存者」。

最後軍方採用了教授的建議，後來也證實該決策才是正確的。

俗話說：「死人不會說話」，也就是指活人才能大聲說出自己的意見，倖存者偏差就是詮釋了這類現象。我們如果分析問題時過度仰賴「顯著資訊」，而忽略了「不顯著資訊」，推論就可能存在巨大偏差，進而造成嚴重後果。

【倖存者偏差】

出自漫畫 《醫院也瘋狂》

關於【一例一休】，本公司假日加班的人，只給補休不給加班費！

老闆你是台灣知名的成功企業人士，你怎麼可以如此血汗對待員工！

謝謝指教，我就是一路血汗對待員工，才成為台灣的成功企業人士的。

羅密歐與茱麗葉效應

　　羅密歐與茱麗葉效應（Romeo and Juliet effect）也被稱為「禁果效應（Forbidden fruit effect）」或「潘朵拉效應（Pandora effect）」，羅密歐與茱麗葉效應典故是出自莎士比亞（William Shakespeare）的經典名劇《羅密歐與茱麗葉》，禁果效應典故源自於聖經，而潘朵拉效應源自於希臘神話故事潘朵拉的盒子（Pandora's box）。

　　《羅密歐與茱麗葉》戲劇中，羅密歐與茱麗葉兩人相愛，但由於雙方家族是世仇，他們的愛情受到了雙方家庭的極大阻撓。但這阻撓不但沒讓他們分手，反而使他們愛得更深，甚至到最後兩人相約殉情。

　　羅密歐與茱麗葉效應，指的是當出現干擾戀愛的外在力量時，雙方的情感反而會更強更深，這種情形不僅發生在男女的愛情之間，也會發生在許多地方。對於越難獲得的事物，在人們的心目中地位越重要，價值也會越高。

　　禁果效應源自於聖經故事，伊甸園中的夏娃受到蛇的誘惑，偷食了善惡樹上的禁果，受到了上帝的懲罰，和亞當一起被逐出伊甸園。

　　潘朵拉效應源自於古希臘神話，天神宙斯送潘朵拉一個魔

盒，並告誡她萬萬不能打開盒子。然而宙斯的告誡反而激起潘朵拉的好奇心和慾望，最後她還是偷偷打開禁忌魔盒，讓裡面的疾病、嫉妒、憤怒和痛苦等衝入人間，潘朵拉害怕極了，趕緊將盒子蓋上，但盒子內只剩下智慧女神雅典娜送給她的「希望」留下來。

在生活中常常會遇到以下情況：你越想把一些事情或資訊隱瞞住不讓別人知道，越會引來他人更大的興趣，你越跟人說「這件事我只跟你說不要跟別人講」，人們往往會更容易走漏風聲。

對於以上的心理學現象，有學者以「逆反心理（Reversal mind）」或是「阻抗理論（Reactance theory）」來解釋，他們指出當人們的自由受到限制時，會產生不愉快的感覺，而從事被禁止的行為時，則代表自己不受拘束，可以消除這種不悅感。因此當別人命令我們不得做什麼事時，我們有時候卻會反其道而行的原因。

理查·德里斯科爾（Richard Driscoll）在西元 1972 年研究了 91 對已婚夫婦和相戀已達 8 個月以上的 49 對戀人。研究的一項重要內容是研究夫婦和戀人彼此的相愛程度與他們父母干涉多寡程度間的關係。研究後的 6 至 10 個月期間，德里斯科爾試圖瞭解他們父母的干涉是否改變了他們之間的關係和

相愛的程度。結果證明，父母干涉多寡程度與戀人們的情感變化成顯著正相關。也就是父母干涉越大，戀人們愛得也越深。

如果人們的選擇是自願的，人們會增加所選對象的好感度。而當選擇是被強迫的時候，人們會降低對該對象的好感度，並產生高度的心理抗拒。

羅密歐與茱麗葉效應的另外一個心理學理論依據是人對於不知道的神祕事物總是會有很大的好奇心，一旦資訊有「關鍵性空白」或未知，這種資訊缺口會讓人產生很大的心理動力想去填滿它。我們常說的「吊胃口」或「賣關子」就是指人對於沒聽完的故事想要完成的慾望和期待心理，所以當戀情被父母禁止後，戀人產生了期待卻又被禁止的情緒，反而讓人躍躍欲試和想嘗試禁果。

舉個例子，如果有一天走在路上，發現一個宏偉華麗的別墅，外面戒備森嚴，如果牆壁上有個可以窺視的小洞，很多路人就會想偷偷看看豪宅裡面的狀況。

再舉個例子，很多成人情色的主題都是「18 禁」，但很多未成年的人看到 18 禁反而會更想偷偷看。某位好萊塢電影導演曾開玩笑說：「只要電影裡面有個大大紅色的按鈕寫『不能按！』或『按了會爆炸！』，一定還是會有角色忍不住去按。」

這心理學給我們的啟示是，不要把不好的東西當成禁果，

這樣反而有可能增加被禁止東西的吸引力。在現實生活中，羅密歐與茱麗葉效應也屢見不鮮的，有時候對於希望禁止的東西，我們不宜硬性禁止，反而該做好預防和疏導，慢慢降低其強度及頻率，之後自然而然會慢慢消失。

羊群效應

羊群效應（The effect of sheep flock），也稱羊群行為（Herd behavior）或「從眾效應」。

羊群效應指的是領頭羊往哪裡走，後面的羊就跟著「有樣學樣」往哪裡走，盲目效仿別人，甚至前方是斷崖也照樣跟著跳下。在社會團體中，領頭羊通常是佔據了主要注意力的領袖或偶像，整個羊群會不斷摹仿這個領頭羊的一舉一動，領頭羊到哪裡去吃草，其他的羊也會一哄而上搶食那裡的青草，全然不顧旁邊虎視眈眈的狼，或者看不到其他還有更好的青草。

舉個例子，有一個人在街頭突然看見一條很長的排隊人潮，他趕緊跟著排隊，唯恐錯過什麼好康機會。等到隊伍拐過牆角，才發現大家原來是排隊上廁所的，這就是從眾鬧出的笑話。用通俗的話說就是「隨波逐流」。可以表現為在特定情境中採納佔多數優勢的行為。

再舉一個西方常聽到的寓言故事：

從前有個石油商人，他死後來到了天堂，在天堂門口遇見天使。

天使對石油商人說：「我必須告訴你一個好消息跟壞消息；

好消息是，由於你生前做了不少善事，所以你確實有資格進入天堂；但壞消息是天堂裡給石油商人的位子已經滿了。」

石油商人想了一下回答說：「雖然我沒位置，但我可以對在天堂裡面的石油商人說一句話嗎？」

天使心想只是一句話應該沒什麼關係：「可以，請便。」

於是石油商人對天堂裡大喊：「地獄裡發現了石油！」

轉眼間，所有天堂裡的石油商人蜂擁而出前往地獄，原本塞滿的天堂變成空蕩蕩。

天使看到了此景佩服說：「真厲害，你是我所見過最聰明的人了，現在你可以進來天堂了。」

但是石油商人猶豫了幾秒後，神情焦慮回答天使：「喔不用了...我覺得大家應該沒那麼笨，可能地獄真的發現石油了，我得趕過去地獄！」

看了這則寓言故事，你或許會莞爾一笑，但回想起自己生活的日常點滴，你會發現自己也常常是那些跟風的羊群。比方說有天想找間餐廳吃飯，如果有兩家餐廳，一家門可羅雀，另一家經常客滿，那大部分人會選擇人多的那家餐廳，因為會認為那家一定比較好吃人才那麼多，或是另外一家沒有人一定是因為有問題。市場競爭中常出現「假顧客排隊」、「商店自

己買榜衝人氣」，其實也是利用了羊群效應。

在群體作用下，當個人與多數人的意見和行為不一致時，個人很容易放棄自己的意見，表現出與群體中多數人一致的現象。然而任何存在的東西都有其理由，羊群效應也有它的道理，其實也是自然界的生存法則，在信息不對稱或不確定的狀況下，看別人怎麼做是風險比較低的。而且如果群體行動，個人承擔的風險也是比較低的，這對於弱勢群體來說，是個很好的生存策略。

雖然羊群效應有利於形成統一的意見，然而統一的意見不一定正確。團隊合作力量大，但也可能會弱化個體的獨立思考能力，雖然許多場合表決常是「少數服從多數」，但我們應提醒自己保持思辨能力，不要變成人云亦云的機器人。

【羊群效應】

出自漫畫《醫院也瘋狂》

排好久，請問這邊是排什麼？免費早餐？還是新手機？

我也只是跟著排，不然問一下好了。

不知道耶。

你也不知道嗎

跟著排就對了

……

樂隊花車效應

樂隊花車效應（Bandwagon effect）類似羊群效應和從眾效應，樂隊花車效應指的是在花車（Bandwagon）大遊行中，如果能加入樂隊花車的行列，就能夠輕鬆地享受遊行又不用走路，非常好康。英文的「Jumping on the bandwagon（跳上樂隊花車）」就代表了「成為主要潮流」。跟羊群效應和從眾效應比較不同的是，樂隊花車效應比較偏向「贏家」或是「優勢」方，有想要輕鬆獲得勝利的意義。

選舉當中經常可以看到樂隊花車效應，例如許多選民喜歡將票投給他認為比較容易獲勝的候選人或政黨，而非自己喜歡的，借此提高自己與贏家站在同一邊的機會，這現象也類似「西瓜偎大邊（台語）」。

樂隊花車效應衍生出的樂隊花車謬誤，又被稱為「從眾謬誤」，也就是將許多人或所有人所相信的事情視為真實，例如「大家都這麼說，一定不會錯！」但許多事實證明，多數或所有人相信的事情，在當下或經過時間的演進，並不一定是對的事情。

例如在 18 世紀左右，美國大多數人都認為世界上應該要有奴隸存在，甚至後來引發了 1861 年美國南北戰爭，但在今

日美國有這樣想法的人已經很少了。

　　樂隊花車效應常被拿來用於商業宣傳，像是廣告文案「每五個醫師中就有四個推薦」、「五百萬人使用好評見證」或「連續三年銷售第一名」等字句。

投射效應

投射效應（Projection effect）是指在人際交往中，我們傾向將自己的潛意識或想法投射到其他人身上，像「以小人之心，度君子之腹」就是一個很好的詮釋。

比方說生活中我們也可能會聽到某人一直在抱怨很多人都很沒禮貌，但實際上他可能是最沒禮貌的那位，因為他把內心的心態投射到他人身上。所以在心理學或精神醫學上，我們常會說可以把周遭的人都當作一面「心鏡」，映照出心理潛意識的其中一面。要理解投射效應，我們可以看兩個故事。

蘇東坡與佛印

一個著名例子是中國宋朝佛印師父和大文豪蘇東坡（蘇軾）的故事。

蘇東坡和佛印師父二人是好友，在佛學、文學上總不忘相互切磋，但老是讓佛印師父佔盡上風，蘇東坡心裡總覺不是滋味，所以百般用心，想讓佛印師父下不了台。

蘇東坡一時心血來潮，問佛印師父：「你看我現在禪坐的姿勢像什麼？」

佛印師父說：「像一尊佛。」

蘇東坡聽了之後滿懷得意。此時，佛印師父反問蘇東坡：「那你看我的坐姿像個甚麼？」

蘇東坡毫不考慮地回答：「你看起來像一堆牛糞！」

蘇東坡以為自己取笑了佛印佔了上風，喜孜孜地回家後，向妹妹炫耀。

蘇東坡妹妹聽完故事以後，卻不以為然地說：「哥哥！事實上是你輸了！因為佛印師父心中全是佛，所以看任何眾生皆是佛，而你心中盡是污穢不淨，竟然把六根清淨的佛印師父看成牛糞，這不是代表你心中都是牛糞嗎？」蘇東坡聽了之後相當羞愧。

一般說來，投射可分為兩種類型：一種是指個人沒有意識到自己具有某些特性，而把這些特性加到了他人身上。例如：一個對他人有敵意的同學，總感覺到對方對自己懷有仇恨，似乎對方的一舉一動都有挑釁的色彩。

在生活中我們要小心避免因為投射效應造成的不當判斷或決策失誤。在精神醫學和心理學中，醫師和心理師在給病人做心理治療時，也是要盡可能地避免把自己的潛意識和情緒投射在病患身上，才能夠給予患者客觀正確適當的治療。反過來說，患者經常會將自己的過往經歷或潛意識投射

在治療師上，這種投射效應在心理學上我們稱為「移情作用（Transferance）」，治療師必須謹慎思考患者是否有移情作用並加以診療。

歐君你看起來很想偷吃我宵夜的樣子。

並沒有……

超限效應

　　超限效應（Transfinite effect）是指刺激過多、過強或過久後，因而產生的不耐煩或逆反心理，導致往往出現事與願違的結果。

　　在學校，教師偶爾會責備學生；在家裡，父母難免會提醒孩子；在公司，主管多少會糾正下屬。這些無非是希望學生、孩子或下屬能更正不良行為、表現變得更好，但是如果指責沒有道理或過度，可能會導致反效果、造成逆反心理（Reversal mind）。

　　對於很多學生或孩子來說，你指責他一兩次就已足夠，罵太多次他們就會覺得沒面子或是沒必要，覺得你在針對他個人找麻煩，而不是希望他改變不良行為，反而讓他們心理受傷挫折又生氣，甚至有時候會想要「報復」老師或家長，做出更不適當的言行舉動，以宣示他們個人的人格主權。

　　關於超限效應，我們可以參考以下的例子：

　　1901 年，美國著名作家馬克・吐溫（Mark Twain）寫文章指出，有一次他在美國哈特福（Hartford）教堂參加一個慈善捐款活動，一開始他覺得主持活動的傳教士 Mr. Hawley 講

授內容很好也很感人，準備捐出自己身上所有的錢（約四百多美元）。過了十分鐘後，傳教士還沒有講完，捐款的盤子也還沒傳到自己手上，當時天氣又很熱，他有些不耐煩了，他決定只捐一些零錢。又過了十分鐘，傳教士仍還沒講完，他於是決定一分錢也不捐。到最後傳教士終於結束了長篇演講，並開始傳遞募捐盤時，馬克・吐溫由於氣憤和心煩，不僅未捐錢，還從盤子裡偷了十美分錢（10 cents），馬克・吐溫聲稱他是因為一直被忽略才會因此心生不滿而犯罪。

【補充】:1 美元（Dollar）=100 美分（Cents）

另外一個比較趣味的例子可以參考 1995 年香港影星周星馳的電影《大話西遊之月光寶盒》。在劇中唐三藏對周遭的人會一直持續說教碎碎念，讓周遭的人時常感到厭煩，甚至連妖怪聽了都會受不了而自殺。周星馳飾演的至尊寶（孫悟空）也會聽到受不了而抓狂做出揍唐三藏的暴力舉動，雖然這是電影編劇刻意誇大安排，但也是超限效應的一種表現。

要避免造成超限效應有幾個方法：

1. 不要過度自我中心，發揮同理心為對方設身處地著想。「他有沒有困難所以才做不到」、「他年紀還小只是個孩子」、「如果是我或許我也會一樣生氣」。

2. 責備或懲罰要有原則和規範，比方說懲罰一定要說出被罰的理由或原則，而且這原則不能朝令夕改，並且給予建議如何改善。

3. 告訴自己念幾次沒效就不要一直念，換一種說法或是換一種方式來間接開導。

4. 思考自己的責備是否太過分，是否因為自己心情不好而有遷怒他人之可能。

六度分隔理論

六度分隔理論（Six degrees of separation）認為世界上任何兩個陌生人之間，最多僅隔著 6 個人而已。比方說有一位普通民眾想要聯絡美國前總統歐巴馬，理論上只要經過六個人就可以連絡上他。

六度分隔理論並不是說任何人與人之間的聯繫都必須剛好要經過六個人，而是表達了人際網路複雜又互相連通的概念。我們有時候會碰巧發現自己跟 A 朋友剛好都認識 B 朋友，讓人有「世界很小」或「好巧」的感覺。這跟六度分隔理論的概念有些相似。

六度分隔理論來自「米爾格倫連鎖信實驗」，從論文發表至今，相關的科學研究不算多，幾十年來此實驗都仍有部分爭議。但他的理論在現實生活實務中已有很多運用，特別是在保險業及直銷業。

米爾格倫連鎖信實驗

1967 年，哈佛大學心理學教授斯坦利·米爾格倫（Stanley Milgram）做過一次連鎖信實驗，嘗試證明平均只需要六個人就可以聯繫任何兩個互不相識的美國人。

米爾格倫的首次連鎖信實驗米爾格倫寄出 60 封信給美國堪薩斯州威奇塔市的自願參加者，請他們「轉交」給麻薩諸塞州劍橋市某股票經紀人。

實驗包裹裡的內容，包含有：

- 一張介紹實驗的文件。
- 一把已經準備好回郵的明信片。
- 一張被要求找到的實驗目標對象照片。
- 實驗目標對象的相關資訊。

介紹的文件內容如下：

1. 在包裹內的姓名表填上名字，這樣下一個收件者就會知道這包裹是哪來的。
2. 填好一張明信片寄回哈佛大學，告訴研究者這個包裹目前進展到哪。
3. 如果你本來就互相認識這個目標對象，彼此知道對方名字，可以直接把這個包裹寄給目標對象。
4. 如果你不認識這個目標對象，別直接聯絡他，找個你認識的朋友，可能有機會把包裹轉交給目標對象。

參加者只能把信轉交給他實際認識的親友，有 50 個人參與了實驗，但只有 3 封信送到了目的地。米爾格倫在他 1967 年的論文中提到其中的一封信在不到 4 天就被送到了目的地。但米爾格倫卻忽略了一個重要事實，那就是實際上只有不到 5% 的信件最終被送達了。在之後兩次連鎖信實驗，因完成連鎖的比例太低，實驗結果都未被發表。

　　但米爾格倫發現很多有趣的現象，他嘗試在不同種族和不同收入的族群來重複實驗，他們發現實驗結果會有巨大的差異。如果信件的最終接受者為黑人，實驗的送達率為 13%，而如果是白人，則送達率上升為 33%。經過多次改良實驗，米爾格倫發現信件對寄件者的價值也會影響成功率，他成功將送達率提升至 35%，後來更上升為 97%。平均來看，為實現一次送達，需要 6 個中間人，從而得出了六度分隔理論。另外米爾格倫還發現 2/3 成功的實驗者是經由同一群明星們來進行最後轉交的。

　　但在後來許多知名研究都曾經挑戰過米爾格倫的「六度分隔理論」，但並不是所有實驗都能成功證實。

　　隨著時代演進，科技和網路越來越發達，全世界人與人之間的聯絡管道更多元更便利，六度分隔理論需要的轉介人數也越來越低了。臉書曾經就這理論來進行研究，他們認為現在

大約只要「三度」上下，就可以達到連絡上目標對象的結果，可以預期的是，未來這數字應該還會更下修。

六度分隔理論的意義除了指出世界很小之外，重點是告訴大家人際關係網路相當複雜，也提醒我們要廣結善緣、好好維護自己的人際關係。

名片效應

名片效應（Calling card effect）是指人和人認識的過程中，如果表明自己與對方的態度和價值觀相同，就會使對方感覺到你與他有許多相似性，進而很快地縮小與你的心理距離，結成良好的人際關係。恰當地使用「心理名片」，對於人際交往以及處理人際關係有很大的幫助。

常用的方法，像是在社交中先向對方傳播一些他們所能接受的和喜歡的觀點或思想，然後再悄悄地將自己的觀點和思想滲透進去，使對方產生一種印象，似乎我們的思想觀點與他們已認可的思想觀點是相近的。

有一位求職青年，求職幾家公司都被拒於門外，為此感到十分沮喪。最後他抱著一線希望到另外一家公司應聘，經由高人指點，他在面試前先打聽該公司老總的歷史，通過瞭解，他發現這個公司老總以前也有與自己相似的經歷，他如獲珍寶，在應聘時，他就與老總暢談自己的求職經歷，以及自己懷才不遇的憤慨，果然，這一席話博得了老總的賞識和同情，最終他被錄用為業務經理，這就是所謂的名片效應。

兩個人在交往時，如果首先表明自己與對方的態度和價值觀相同，就會使對方感覺到你與他有更多的相似性，進而很快

地縮小他人與你的心理距離，更願與你建立良好的人際關係。

帕金森定律

　　帕金森定律（Parkinson's law），又被稱為「金字塔上升現象（The rising pyramid）」是指企業在迅速膨脹過程中，容易冗員充斥、資源浪費和辦事效率低下。

　　1958 年，英國著名歷史學家西里爾·帕金森（Cyril Parkinson）透過長期研究，寫出一本名叫《帕金森定律（Parkinson's Law）》的書。帕金森經過多年調查研究，發現一個人做一件事所耗費的時間差別如此之大：他可以在 10 分鐘內看完一份報紙，也可以慢慢看花費將近半天。一個忙人半小時內可以寄出一大疊婚禮邀請函，但一位退休悠閒的老太太可以花一整天，只為了給遠方的外甥女寫張明信片。特別是在工作中，工作會自動地膨脹，占滿一個人所有可用的時間，如果時間充裕，他就會放慢工作節奏或是增添其他項目以便用掉所有的時間，造成效率降低。

　　因此推論，一個組織人如果變多，反而會造成行政效率低下，行政效率低下後，只好聘更多的人或是增加更多的行政單位，接著效率又更低下，之後就會像是蓋金字塔一樣越蓋越多層，人員會不斷膨脹，每個人都很忙，但組織效率越來越低下。這個現象又被稱為「金字塔上升現象」。

如果組織中有一個不稱職的主管，可能有三條路：

- 第一是申請退職，把位子讓給能幹的人。

- 第二是讓一位能幹的人來協助自己工作。

- 第三是任用兩個水準比自己更低的人當助手。

對很多不稱職的主管來說，他們會覺得第一條路不可能，因為要放棄權力和地位。第二條路可能也不能走，因為那個能幹的人未來有可能會成為自己的對手或敵人。最後往往最容易選擇第三條路，於是主管雇用兩個能力較差的人分擔了他一人的工作，他自己則高高在上發號施令，兩個助手既然無能，他們就上行下效，如果他們做不好，他們跟主管一樣有三條路選擇，結果往往也是再為自己找兩個更加無能的助手。如此持續下去，整個公司就形成了一個效率越來越低下的組織。帕金森定律揭示了各部門用人越來越多的祕密，許多主管寧願找兩個比自己水平低的助手也不肯找一個與自己勢均力敵的下屬，陷入惡性循環之中。

帕金森定律告訴我們，若要一個企業或組織蓬勃發展，首先必須要避免冗員過多、人浮於事，應該讓員工維持良好的工作效率，而主管不要害怕自己被下屬超越或是嫉妒良才，尋找比自己更優秀的人才並給予重用，才能夠避免帕金森定律的負面效應。

破窗效應

破窗效應（Broken windows theory）是犯罪學中最著名的理論之一，指的是如果環境中有被放任不管的不良現象，會誘使人們仿效甚至變本加厲。

美國史丹佛大學心理學家菲力浦·辛巴杜（Philip Zimbardo）於 1969 年進行了一項實驗，他找來兩輛一模一樣的汽車，把其中的一輛停在加州帕洛阿爾托（Palo Alto）的中產階級社區，而另一輛停在當時比較貧窮混亂的紐約布朗克斯區（The Bronx）。

停在布朗克斯區的那輛車，刻意先把車牌拿掉和頂棚打開，結果當天車就被偷走了。而放在帕洛阿爾托的那一輛車，一個星期仍完好如初，沒有被偷或被破壞。後來辛巴杜故意把那輛停在帕洛阿爾托的車之車窗敲破，結果僅過了幾個小時，那輛車也被偷了。

以這項實驗結果為基礎，1982 年 3 月社會學家詹姆士·威爾遜（James Wilson）及喬治·凱林（George Kelling）共同撰寫了論文《破窗（Broken Windows）》。

破窗效應描述了社區失序的五個階段：

1. 社區開始出現失序的情形，部分居民遷出社區。

2. 未能遷離社區的居民因擔心自身安全，對區內的事務漠不關心。

3. 地區的監察力下降，社區的治安進一步惡化。

4. 區內更多的居民遷走，仍然留在區內的居民則更加退縮，減少外出時間。

5. 外來的犯罪份子入侵社區，犯罪率持續上升。

這論文中提及如果有人打破了一個建築物的窗戶而得不到及時修補，就可能會吸引其他人去打破更多窗戶，久而久之就會造成混亂無序，甚至孳生犯罪，這理論改變了接下來的紐約。

美國紐約市長魯迪·朱利安尼（Rudy Giuliani）和紐約市新任交通警察局局長威廉·布萊頓（William Bratton）深受破窗理論啟發。1985 年紐約市交通警察局邀請破窗效應的作者喬治·凱林擔任市政顧問。

當時的紐約市以髒亂混亂而聞名，環境髒亂且犯罪猖獗，這狀況在地鐵更為嚴重，地鐵被認為是無法無天的「無法治區」，甚至有不少民眾諷刺紐約從美國的「大蘋果（Big apple）」變成「爛蘋果（Rotten apple）」。

然而在紐約市長、警察局長和學者的決心合作之下，警

方決定開始先在地鐵「抓逃票」和維護「車廂整潔」。當時這做法曾被看衰是「緩不濟急」，部分民眾認為是「船都要沉了你還在洗甲板」。

但警方仍開始維護地鐵車廂和月台整潔，並將不買車票白搭車的人用手銬銬住排成一列站在月臺上，公開向民眾宣示政府整頓的決心，結果根據當時警方調查，發現平均每 7 個逃票的人中就有一個通緝犯，每 20 個逃票的人之中就有一個人攜帶武器。在警方的強力執法之後，使得歹徒不敢逃票，或是出門搭地鐵也不敢帶武器。地鐵站的犯罪率竟然開始下降，之後整個紐約市的治安也跟著大幅好轉。當局認為小奸小惡正是犯罪的溫床，因此針對這些看似微小、卻有象徵意義的違規行為大力整頓，大大減少了犯罪行為。

地鐵車箱和月臺變乾淨了，接著地鐵階梯和外面街道也跟著乾淨了，之後整個社區也隨著變乾淨了，最後整個紐約變整潔漂亮了。警方也發現人們比較不會在乾淨的場合犯罪，犯罪率也跟著降低了。

1994 年到 1996 年短短幾年，紐約市的謀殺案減少了50%、竊盜案減少了 35%，民眾對紐約市警察局（New York Police Department，簡稱 NYPD）的滿意度從 37% 增加到73%。現在紐約是全美國治理最出色的都市之一，這件事也被

稱為「紐約引爆點（Tipping point）」。威廉·布萊頓局長也被譽為是「紐約傳奇警長」，盡忠職守直到 2016 年才在眾人掌聲中退休。

　　這事件和破窗效應理論告訴我們，環境對人的心理形成和行為表現具有強烈的暗示性和誘導性。人會被環境影響，同時人的行為也是環境的一部分，環境秩序好的話，犯罪和不文明的舉止也會減少。反之任何壞事，如果在開始時沒有加以阻攔掉，形成風氣後就很難改善，就好像河堤剛有一個小缺口時沒有及時修補，之後可能會讓河堤潰堤造成極大損失。

　　破窗效應在現實生活中隨處可見，例如：

- 一面牆上如果出現一些塗鴉沒有清洗掉，牆上很快就佈滿了亂七八糟的塗鴉。
- 在一個很乾淨的地方，人們會很不好意思扔垃圾，但是如果地上有第一個垃圾出現，人們很可能就會開始陸續亂丟垃圾。
- 你騎機車停紅燈，發現前面有機車紅燈右轉都沒被警察開單，你心急又抱著僥倖心態，很有可能也跟著紅燈右轉。

- 開車找不到停車位時，看到大家亂停紅線都沒事，就覺得不會出問題而跟著一起違規停車。

　　我們日常生活中也經常有這樣的經驗：桌上的財物或敞開的大門可能使本無貪念的人心生貪念；對於違反公司規定的行為沒有處理，進而使類似行為再次甚至多次重複發生。因此公司主管對員工發生的小奸小惡行為要充分重視，這樣才能防止問題惡化。如果對過錯行為不聞不問、視若無睹、反應遲鈍或糾正不力，就會縱容更多的人去打爛更多的窗戶，就極有可能演變成「千里之堤，潰於蟻穴」的惡果。套用中國三國時代劉備的名言「勿以善小而不為，勿以惡小而為之。」

　　比方說公司規定上班時間必須戴名牌。雖然制度上規定如果不戴名牌，每次會被罰款 20 元。最初一、兩個員工沒有照做，但管理層並沒有重視，也沒有嚴格執行該項規定。一個月以後，不戴名牌的員工由最初的 1、2 個，發展到一半員工都不戴名牌，員工對此事抱著可有可無的態度，管理層並沒有禁止反而一再縱容，嚴重影響公司士氣。管理者必須高度警覺那些看起來是個別的、輕微的，但觸犯了公司核心價值的「小錯」，並依法處置。「千里之堤，潰於蟻穴」，若不及時修好第一扇被打碎玻璃的窗戶，就可能會帶來無法彌補的損失。

要避免產生破窗效應，要經常「護窗」和「補窗」。一個制度如果出現問題沒去修補，將會帶來更多的仿效者，進而導致整個制度崩潰，社會如此、生活也是如此。沒有完美和一成不變的制度，當制度遭到破壞的時候，主管的責任就是盡快找出問題並修補制度漏洞，並避免下次再發生。

月暈效應

　　月暈效應（Halo effect）又稱「光環效應」、「光暈效應」或「暈輪效應」。月暈是指月亮旁邊一圈光暈，月暈效應指的是當一個人的表現不錯時，就好像月暈一樣發光，眾多好評價會一起加在那個人身上，比方說成績好的資優生「通常」會被認為品行兼優，或是好學生「通常」不會抽菸，簡單來說，月暈效應就是心理學中「好的以偏概全」。

　　月暈效應最早是由美國著名心理學家愛德華·桑代克（Edward Thorndike）於 1920 年代左右提出，指的是如果一開始對某個人的印象是好的，他就會被一種積極肯定的光環籠罩，並被賦予一切都好的標籤；如果一個人給人的印象是壞的，那他就被一種消極否定的光環所籠罩，並被認為具有各種壞品格。

　　1946 年，美國波蘭籍心理學家所羅門·阿希（Solomon Asch）認為人類對於一個事物的解讀如果出現認知失調（cognitive dissonance）的現象，人們大腦會下意識的尋找一個合理的解釋或說法來讓認知失調的狀況減少到最低。而月暈效應提供了一個快速簡單的方式讓我們認識人。

　　人們在接觸他人時候，對於一開始的早期資訊會做自動

補完性的推演，來完成對一個人的評估。

1950 年，美國心理學家哈羅德·凱利（Harold Kelley）對麻省理工學院（MIT）的兩個班級學生做了一個實驗，並撰寫論文「The warm-cold variable in first impressions of persons」。

實驗是這樣進行的，上課之前凱利先向學生宣布，該堂課會臨時請一位研究生來代課，凱利向 A 班學生介紹這位研究生是「有熱情、勤奮、務實和果斷」等特質。而在對 B 班學生介紹代課研究生時，凱利把「熱情」換成了「冷漠」，其餘各項敘述都相同。

下課之後，A 班的學生與研究生一見如故，親密攀談；B 班的學生對他卻敬而遠之，冷淡迴避。可見，僅介紹中的一詞之別，竟會影響到整體的印象。學生們戴著這種「有色眼鏡去」觀察代課者，而這位代課研究生就被罩上了不同色彩的月暈。

1972 年美國心理學家凱倫·迪恩（Karen Dion）、艾倫·畢絲區德（Ellen Berscheid）和伊蓮·華斯特（Elaine Walster）三人做了一個研究並撰寫論文「What is beautiful is good」，研究中讓參加的人看一些照片，照片上的人依據外表魅力分成不同組別，分別是「有魅力」、「無魅力」和「魅力中等」等三組，然後讓受試者去評價推測這些人的職業、婚

姻或能力等，結果發現，有魅力的人在各方面得到的評分都是最高的，無魅力者得分最低，這種「外表有魅力的人各方面都好」或是「人正真好，人醜吃草」等雙極現象上，就是月暈效應的表現。

在學校我們常會看到類似狀況，如果一位學生成績好，我們就覺得他應該各方面都很好；學生成績差，就覺得他一無是處。雖然偏愛成績好的學生是人之常情，但過分的偏愛或溺愛都會導致不良後果，學生容易驕傲自大或目中無人。

1977 年，美國著名社會心理學家理查·尼斯比特（Richard Nisbett）和提摩西·威森（Timothy Wilson），在密西根大學做了一個實驗來驗證月暈效應並將結果發表為論文。

尼斯比特希望調查學生是如何評價老師的。在實驗中學生們被告知這是一項對老師評價的實驗。參與實驗的學生們被分為兩組，分別看兩段關於同一位講師的不同教學方式影片。這位講師用英文授課，但有很重的比利時口音。第一組學生看的影片是這位講師用溫暖和藹的態度回答學生的問題。第二組學生看的影片是同一位講師改用冷漠而疏遠的語氣回答學生問題。

兩組學生看完影片之後，他們被要求給這位教師的授課專業度評分，結果看到講師溫暖和藹形象的學生都認為他授課

很棒，甚至歐洲口音也令人印象深刻和更加有魅力。另外一組看他冷漠回答學生的評分普遍偏低，甚至有學生認為他的口音令人厭煩。另外根據調查訪談，兩組學生都不覺得自己的評分受到影片中該位講師不同形象的影響，這正是月暈效應可怕的地方，你會在無意識狀況下做出過度主觀臆測的推斷。

月暈效應的原因

月暈效應的原因，是由於人在感官事物時，並不是以個別屬性或部分獨立感知的，而是傾向於把各種不同屬性或不同部分的視為一個複合的刺激物。例如閉眼睛但聞到蘋果的氣味，頭腦也會出現蘋果的完整印象，因為過往的經驗和認知彌補了蘋果其他的感官特徵，如顏色、滋味或觸感等。

由於知覺整體性的作用，人可以在短時間內迅速明瞭事物的大概輪廓或特質，節省許多能量。

內隱人格理論

人的品行之間是有關聯性的。比如熱情的人通常會對人比較親切友好或肯幫助別人，而冷漠的人通常較為孤僻不易相處。所以只要對於某人有了「熱情」或「冷漠」的其中一個核心特徵，我們就會自然而然地去補足其他有關聯性的品行。又

例如勇敢正直的人，通常會表現得落落大方、誠懇自然，而一個自私自利，欺善怕惡的人，往往會虛偽陰險或心口不一。

所以我們在無意識中大腦會自動從一個人的外在言行來推測其內在人格，或反過來由內在人格推測其未來言行，這個過程就產生了月暈效應。

許多青少年因崇拜某些明星，就開始爭相模仿該明星的言行談吐、穿著打扮或搜集他們用過的東西，這其實也算是月暈效應的間接影響。成語「愛屋及烏」的現象跟月暈效應也是類似。

在日常生活中，月暈效應悄悄地影響著我們對別人的認知和評價。比如有些老年人對青年人的衣著打扮或生活習慣看不順眼，就認為他們一定沒出息；有的青年人由於喜歡異性的某一可愛之處，就會把他看得處處可愛，正所謂「情人眼裡出西施」。

月暈效應讓人能快速理解和推測人事物的大概輪廓，但也有可能以偏概全、判斷失準，仍要小心留意。

首因效應（先入為主效應）

　　首因效應（Primacy effect）也稱為「第一印象」、「起始效應」或「先入為主效應」，人在交際互動中給人留下的第一印象，比以後得到的資訊對於事物整個印象產生的作用更強。

　　1957 年，首因效應由美國心理學家亞伯拉罕·洛欽斯（Abraham Luchins）首先研究提出。首因效應反映了人際交往中資訊出現的順序，會對印象有所影響。在實驗中，洛欽斯向四組大學生介紹名叫吉姆的男孩的生活片段，第一段文字將吉姆描寫成熱情外向的人，另一段文字則相反，把他描寫成冷淡內向的人。例如第一段文字中說吉姆與朋友一起去上學，走在充滿陽光的馬路上，與熟人開心說話打招呼等。第二段則說吉姆放學後一個人步行回家，在馬路有陰影的一側，看到認識的人也不打招呼。

　　在實驗中，盧欽斯把兩段文字加以組合：

- 介紹給第 1 組學生聽時，說他是個性格「外向」的人。
- 介紹給第 2 組學生聽時，說他是個性格「內向」的人。
- 介紹給第 3 組學生聽時，先說他是性格「外向」的人，後說他又是一個性格「內向」的人。

- 介紹給第 4 組學生聽時，先說他是性格「內向」的人，後說他又是一個性格「外向」的人。

隨後洛欽斯要求四個組用上面介紹的術語來描述這個陌生人。第一、二組在描述時沒有發生任何問題，都依據他們所被告知的訊息來描述，但第三、四組對陌生人的印象完全與提供資訊的次序相對應，也就是說第三組認為外向居多，而第四組認為內向居多。

因此洛欽斯推論，當不同的資訊結合在一起的時候，人們總是傾向於重視前面的資訊或第一印象，如果前後資訊不一致或矛盾，也會認為後面的資訊是「非本質」或「偶然」的，也會傾向認同前面的資訊，以形成整體一致的印象，避免有認知失調的狀況出現。

對於這種因獲得信息的順序而產生的差異現象，一種解釋是以注意力來解釋，最先接受的資訊沒有其他資訊干擾，所以印象鮮明和記憶深刻，之後獲得的訊息會被第一印象影響，則會干擾訊息的接收與內化，因此影響力較小。另外一種解釋是，獲得第一印象之後，我們就會覺得這是正確的，不需要其他更多資訊，注意力自然會下降，所以之後的資訊，注意力和記憶力都會變比較差。

首因效應的產生與個體的社會經歷與社交經驗的豐富程

度有關。如果個體的社會經歷豐富、知識充實，首因效應的影響效果會比較少。第一印象並不是無法改變，透過學習認識首因效應，在初次見面之後，以後的每次交往都不斷修正想法，得到的想法會更貼近事實與真相。

首因效應的運用

首因效應就是說人們根據最初獲得的資訊所形成的印象不易改變，甚至會左右對後來獲得的新資訊。實驗證明，第一印象是不容易改變的，第一印象倘若不好，很難結成良好的人際關係。因此在日常交往過程中，尤其是與別人的初次見面時，一定要給別人良好的印象。第一印象主要是依靠性別、年齡、體態、姿勢、談吐、面部表情、衣著打扮等。

首先，要注重儀表，至少讓人看起來乾淨整潔。「人要衣裝、佛要金裝」就是這道理。美國總統林肯也曾因為外表的偏見拒絕了朋友推薦的人才。其次，言談舉止要顯得落落大方，若還能做到言辭幽默和舉止優雅，一定會在對方心裡獲得高分。

首因效應在徵才過程中可能會用兩種形式表現：第一種是「以貌取人」。對儀表堂堂、風度翩翩的應聘者容易贏得主考官的好感，第二種是「以言取人」，那些口若懸河、對答如

流者往往給人留下好印象。因此在選拔人才時，需要小心自己過度被首因效應影響判斷。

近因效應

近因效應（Recency effect），也稱「新穎效應」或「時進效應」，指的是近期獲得的訊息在腦中佔了優勢，進而影響了之前對人事物的看法。

近因效應與首因效應是相對應的兩種心理學效應。首因效應一般對較「陌生」的人事物有比較大的影響，而近因效應則在「熟悉」的人事物之間起比較大的作用。兩者都是因人事物的片面資訊而影響整體判斷。

近因效應在學生交往中也是常見的，例如 A 學生跟 B 學生本來交情甚好，堪稱「麻吉」，可是 A 學生卻因最近一次得罪了 B 學生，就遭到 B 學生的痛恨，不僅過往友情毀於一旦，甚至可能造成的仇恨更深，這就屬於近因效應的作用。

同樣在學生的成長過程中，大部分人都不可能給人留下始終完美的印象，因此老師要不斷提高自己的能力和吸引力，持續鼓勵學生進步。

在經常接觸、長期共事的人之間，彼此之間往往都將對方的最後一次印象作為認識與評價的依據，並常常使彼此的人際交往和人際關係發生質和量的變化。現實生活中的友誼破裂、夫妻反目、朋友絕交等，都與近因效應有關。近因效應使我們

僅僅根據人的一時一事去評價一個人或一件事，妨礙我們客觀理性地看待事物。

多看效應

多看效應又被稱為「單純曝光效應（Mere exposure effect）」，是源自於 1968 年波蘭籍美國心理學家羅伯特·查榮克（Robert Zajonc）做過的一個著名實驗，他先向受試者出示一些照片，有的出現了 20 多次，有的出現了 10 多次，有的只出現一兩次，然後請受試者評價喜愛照片的程度，結果發現，大家比較喜歡那些看過比較多次的照片，也就是說「看的次數」越多，「喜歡的程度」越高。

這種對越熟悉的東西就越喜歡的現象，心理學上稱為多看效應。在人際交往中，如果你細心觀察就會發現，那些人緣很好的人，往往將多看效應發揮的淋漓盡致：他們善於製造雙方接觸的機會，已提高彼此間的熟悉度，然後互相產生更強的吸引力，也就是所謂的「日久生情」。

因此若想改善人際關係，可以適當提高自己在對象面前出現的次數，這樣會增加熟悉度和好感度。一個自我封閉的人，則會給人不易親近的感覺。當然多看效應發揮作用的前提，是首因效應要好，若給人的第一印象很差，則反而見面越多就越討人厭。

上述的研究是以受試者「有意識」接收到訊息為研究的

主題，然而在「無意識」的狀態下是否也會有相同的結果呢？

1957 年，美國市場研究學者詹姆斯·維凱里（James Vicary）在電影院做了一個實驗。

電影院中 A 廳和 B 廳播放著同一部影片，研究者在 A 廳播放的電影中穿插了短暫幾秒的「喝可口可樂」（Drink Coca Cola）文字影像。B 廳的影片也同樣被動了手腳，穿插也是同樣短暫的無關文字影像（作為實驗的對照組）。

結果發現，在觀賞完電影之後，A 廳的觀眾比起 B 廳觀眾在散場時，購買可口可樂的比例明顯較高。換句話說，A 廳的觀眾在不知不覺的情況下被穿插呈現的影像影響了購買行為。這實驗結果雖然很驚人，但當時這個沒正式發表的研究無法被重複驗證，不少學者質疑其理論正確性，影像訊息也能輕易讓受試者看見，之後這理論才被更精準的重複驗證。

1980 年，波蘭籍社會心理學家羅伯特·查榮克（Robert Zajonc）研究指出在無意識的心理狀態下，單純曝光效果亦會發生，稱之為「閾（ㄩˋ）值下曝光效果（Subliminal exposure effect）」。

【補充】：閾值下（Subliminal），指的是因為展示速度過快或影音訊息過於隱晦，導致人的意識層面並沒有意會到自己看到直接受到隱藏的影音訊息。

實驗的方式如下：

· **第一階段**：查榮克先將二十個無意義的圖形分為 A、B 兩組各十個圖形，接著從 A 組或 B 組圖形兩組擇一，向受試者呈現，每張圖形呈現的時間是 1 毫秒，人體視覺和主觀意識無法察覺到這些圖形，而該組呈現的圖片順序是隨機的。

· **第二階段**：A、B 兩組的圖片，一樣擇一組呈現，但速度調慢，讓受試者可以看清楚有圖形呈現，。

查榮克詢問第一階段受試者做出兩個問題：

1. 圖形喜好度。
2. 圖形出現順序確認。

結果顯示，受試者確認圖像出現順序的正確率與純猜測差不多，沒有顯著差異。但在喜好度的問題中，那些在第一階段出現過的圖形之喜好度顯著超過那些未出現的圖形。由此可知，人在無意識的情況下，還是會對重複出現之知覺刺激產生好感，這實驗也證明了閾值下曝光效果的理論。

2006 年，荷蘭學者約翰·卡瑞曼斯（Johan

Karremans）和同仁做了類似實驗，讓受試者在無法意識到立頓紅茶（Lipton）的品牌影像的情況下，事後對立頓品牌有較佳的評價及較高的選擇意願，更有趣的是此效果只發生在口渴的人身上。

　　看到這邊，我想大家終於恍然大悟為何許多產品廠商會願意花大把鈔票在許多電影、影集或漫畫裡面「置入性行銷」廣告商品了吧！因為不管是刻意明顯廣告或是一閃即逝的品牌圖示，都會對廠商帶來可觀的利潤商機，這就是一個運用多看效應來賺錢的例子。

我的紙袋頭套越看越好看。

皮格馬利翁效應
（比馬龍效應）

　　皮格馬利翁效應（Pygmalion effect），也被稱為「比馬龍效應」、「羅森塔爾效應」或「期待效應」。這理論由美國著名心理學家羅森塔爾（Robert Rosenthal）和雅格布森（Lenore Jacobson）所提出，皮格馬利翁效應簡單說就是「心中怎麼期待，就會得到什麼。」

　　典故是出自一個古希臘神話，賽普勒斯的國王皮格馬利翁是一位有名的雕塑家。但他性情孤僻獨居少與人交往。他用象牙雕刻了一座他理想的美女雕像，並取名叫「加勒提亞（Galatea）」。他深深愛上了這個少女雕像，並給雕像穿上美麗的長袍和親吻它，他真誠地期望自己的愛能被接受。但它依然是一尊雕像。

　　皮格馬利翁感到很絕望，他帶著豐盛的祭品來到阿弗洛蒂代（Aphrodite）的神殿向她求助，他祈求女神阿弗洛蒂代能賜給他一位像加勒提亞一樣優雅美麗的妻子。他的真誠期望感動了女神。皮格馬利翁回到家後，雕像加勒提亞變成了真人，並成為皮格馬利翁的妻子，兩人白頭偕老。

　　1960 年，心理學家羅森塔爾和雅格布森做了個實驗，他們到一所小學隨機選了 18 名新進學生，將他們名字寫在一張

70

表上，並認真地告訴校長和老師，這名單上的學生被鑑定為聰明且很有潛力。但實際上這份學生名單是隨機選取，根本沒有參考任何智力測驗或成績報告。因為羅森塔爾和雅格布森兩人是著名心理學家，校方同仁不疑有他就相信了。

八個月後進行智力測驗出現了有趣的結果，凡被列入名單的學生，成績進步較快、心情比較快樂，與教師的關係也比較友善。

羅森塔爾和雅格布森認為，由於校方相信他們提供的優秀潛力名單，於是在教育過程中會產生正向情感，像是期望、讚許或鼓勵，在這種關注與期望的滋潤之下，學生會比較有好的自尊、心情和自信，對於學習和人際關係有很大的正面影響，這現象稱為皮格馬利翁效應。

除了學校之外，在我們的日常生活中，像是家中父母對孩子的期望，主管對員工的殷殷期許，這些都可能會產生皮格馬利翁效應，而通常被關懷、讚許獲肯定的人都會用善意和努力回報對方，而比較積極努力的人往往也有較好的結果，對方感受到你的進步，進而更加稱讚和關注這些表現傑出的人，達到一種正向情感流動循環。假如你對自己有極高且積極的期望，每天早上對自己說：「我相信今天一定會有一些很棒的事情發生。」這個練習就會改變你的整個態度，使你在每一天的生活

中都充滿了自信與期望。皮格馬利翁效應告訴大家，當懷著對某件事情非常強烈期望的時候，所期望的事物就會出現。這跟作家朗達‧拜恩（Rhonda Byrne）撰寫的著名世界暢銷書籍《祕密（The Secret）》中的核心概念類似，就是當你真心的期望某件好事發生，宇宙中的所有事物都會呼應你的心聲而透過神祕力量來協助你。

但是皮格馬利翁效應也可能會有負面反應。舉例來說，如果主管對某位員工鼓勵和讚許，但這位員工事實上工作表現差且人緣不好，那可能會讓其他員工覺得主管「偏袒」或「不公平」。另外有的員工覺得自己很努力，但被表揚和稱讚的機會較少，心裡會覺得不平衡。因此主管在稱讚、表揚和加薪時，最好是可以讓員工們清楚知道接受表揚的標準、方法和原因，就比較不會造成負面效應。

少年犯罪研究發現，許多孩子成為少年犯的原因之一，就在於不良期望的影響。他們因為在小時候偶爾犯錯而被貼上了不良少年的標籤，這種消極的期望引導著孩子們，使他們也越來越相信自己就是不良少年，最終走向犯罪的深淵。積極的期望促使人們向好的方向發展，消極的期望則使人向壞的方向發展，要想使一個人發展更好，就應該給他傳遞積極的期望。

美國鋼鐵大王卡內基選拔的第一任總裁查理斯·史考伯說：

「能使一個人發揮最大能力的方法，是讚賞和鼓勵。再也沒有比主管的批評更能抹殺一個人的雄心。我急於稱讚，而討厭挑錯。」

　　人本來就渴求被他人讚美。每個人只要被熱情期待和肯定，往往會努力達到他人的期待。主管在交辦某一項任務時，不妨對部屬說：「我相信你一定能辦好」、「你是會有辦法的」等，這樣部屬比較會朝你期望的方向發展。

霍布森選擇

霍布森選擇（ Hobson choice）指的是表面上提供很多自由的選擇給人選，但這只是一種心理學的陷阱，因為這些選擇最後都只提供同樣一個東西，事實上等於沒有給人選擇機會。

1631 年，英國劍橋商人湯瑪斯·霍布森（Thomas Hobson）販售馬匹，馬匹數量超過 40 多匹，但他販售馬匹時有時候有一個附加條件，就是只能挑最靠近門邊的那匹馬，沒有其他選擇。表面上這是一個奇怪的要求，但事實上他開放的是馬圈小門，高大健碩的好馬出不去，能出來的都是瘦馬或小馬，來買馬的顧客左挑右選，最後都只能挑品質比較差的馬。

霍布森選擇等於是種形式上的假選擇，讓人們有自以為能夠自由選擇的錯覺，而實際上唯一的另外一個選擇就是放棄不要，所以它是一個心理學陷阱。後來這種實際上幾乎沒有選擇餘地的選擇，被稱為「霍布森選擇」。

「 Hobson's choice—take that, or none. 」

「霍布森選擇—你有選擇，要或不要。」

今天上課大家有很多選擇，要看醫院也瘋狂哪一集？

事實上根本沒有選擇啊！

恐怖谷理論

　　恐怖谷理論（The uncanny valley），又名「詭異谷理論」，指的是人類對於部分「擬人物體」，像是娃娃、小丑裝扮、面具、喪屍、殭屍或機器人等，心理會感到排斥、討厭或害怕的理論。

　　1906 年，德國心理學家恩斯特·詹池（Ernst Jentsch）的論文《恐怖谷心理學（On the Psychology of the Uncanny）》中就曾提到恐怖谷理論。而他的觀點被佛洛伊德（Sigmund Freud）在 1919 年的論文《恐怖谷（Uncanny）》中所引用，因而成為著名理論。但近代最廣為人知的恐怖谷理論，是 1970 年由日本機器人科學家「森政宏（Masahiro Mori）」所提出的研究論文。

　　森政弘的假設指出，由於機器人在外表上與人相似，所以人類會對機器人有正面情感，但機器人擬人程度如果越來越高，到了某個特定程度，有的人就會開始討厭排斥他們的外表，甚至有的人會形容這機器人是「僵硬又恐怖」。

　　恐怖谷理論指出，如果非人物體在外表與動作上相似人類，我們就會對他開始產生正面的好感，然而當擬人程度繼續上升到一定時，我們對他們的好感會突然迅速下降，就算此時

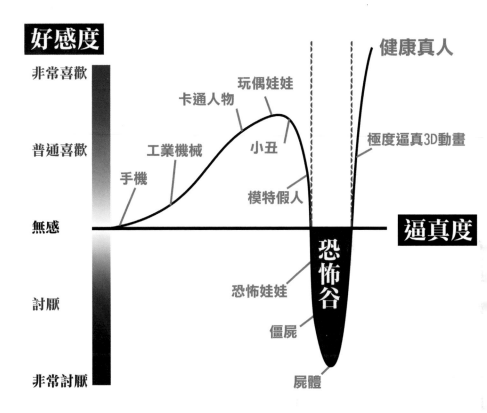

好感度

非常喜歡

普通喜歡

無感

討厭

非常討厭

逼真度

健康真人

極度逼真3D動畫

玩偶娃娃

卡通人物

小丑

工業機械

手機

模特假人

恐怖谷

恐怖娃娃

僵屍

屍體

與人類只有一點點的差別，都會顯得非常刺眼討厭，有如面對行屍走肉的感覺。但當相似度越來越高，高到接近真人的時候，人類對他們的情感反應會再度回到正面，覺得跟真人沒啥差異而抱持好感。

之所以稱作恐怖「谷」，是因為人們對擬人物體所產生的感情，經歷了喜歡到厭惡後，又從厭惡到喜歡，這過程在圖形中形成了一個 U 型的波谷形狀，故得其名。

對不同的人來說，每個人心中的恐怖谷谷型不同、谷底寬度也不同，所以對於擬人物體的接受度和反應也會有所不同。

舉個例子，洋娃娃玩偶（Doll）對大部分人來說是可愛的，特別是對小孩子而言，但有些人卻很害怕洋娃娃玩偶，這是為什麼呢？其實就是因為這些洋娃娃玩偶的逼真擬人程度，剛好落在這群人心中的「恐怖谷」範圍內，有些電影就是利用這個心理學效應來主打賣座恐怖片，像是《鬼娃恰吉》和《安娜貝爾》等電影，對有些觀眾來說這些洋娃娃玩偶不可怕，但對有些觀眾來說他們卻怕得要命。

恐怖谷理論有幾種可能解釋：

1. 如果一個擬人物體「不夠像真人」，那它的「類人特徵」就會相對突出顯眼並容易辨認，讓人對這物體產生認同和熟悉感。反過來說，如果物體「相當像真人」，那它的「非類人特徵」就反而是顯眼突出的部分，讓人感覺不舒服和古怪。

2. 擬人物體儘管在「不夠像真人」階段，人們潛意識層面會直覺判斷他不是人，是個物體、寵物、玩具或甚至是動物。但當到了「相當像真人」階段，人們潛意識會認為這就是跟自己一樣的「真人」，但又因為部

分特質與真人還是不同，讓腦袋的判斷系統覺得古怪陌生又警覺，所以才會產生逃離或不想看見等情緒。

3. 經過數百萬年的物競天擇，沒有被大自然淘汰的人類腦中會去感應並且排斥那些有潛在遺傳疾病或缺乏健康的生命體。落在「恐怖谷」階段的擬人物體，由於部分特徵，像是臉部表情、講話音調、走路方式、行為模式跟人類不同，或許會讓人類潛意識聯想到罹患疾病、身體缺陷或是精神不正常等負面事物，因而產生了不舒服或厭惡的情感。

對於恐怖谷理論，美國漫畫家兼漫畫學作家史考特·麥克勞德（Scott McCloud）在他的書籍《漫畫原來要這樣看（Understanding Comics：The Invisible Art）》中提出另一個角度的想法。他指出，結構簡單的卡通漫畫人物，能為讀者保留更多的想像空間並增強他們的認同感，譬如蛋黃哥、趴趴熊或 Hello Kitty 等，他們線條及構圖都很簡單，但卻很受大家歡迎。相反的，要是卡通漫畫人物的結構漸趨複雜甚至到接近照片的程度，有些人就可能會開始有不舒服的感覺了。

因此許多動漫創作者在設計漫畫或卡通人物時，外表都會儘量簡化和可愛點，利用減少部分人類特徵（比方說鼻子），

以免落入「恐怖谷」的範圍內。（第 77 頁恐怖谷圖表中，往左移動，避免跌入恐怖谷）

而隨著科技和藝術越來越進步，擬人科技、人工智慧和虛擬實境慢慢的讓人類想要創作出成功「跨越」恐怖谷的擬人物體，不管是在「思考」、「情感」或是「長相」上，都有越來越多的突破與嘗試，像是日本石川晃之（Teruyuki Ishikawa）和妻子石川友香（Yuka Ishikawa）從 2015 年開始著手於一項名為 Saya 的 CGI 計畫（電腦製作影像 Computer-Generated Imagery 的縮寫），而最近一次公開的 Saya 的畫面精緻度已經讓許多人認為根本就是真人了，也有人認為 Saya 就是成功跨越恐怖谷最佳的一個最佳範例。（第 77 頁恐怖谷圖表中，往右移，設法跨越恐怖谷）

然而在部分保守人士或是宗教團體的心中，對於走進恐怖谷或是企圖跨越恐怖谷的擬人物體，是種最好不要碰觸的禁忌，因為他們認為這些設計品，未來有可能會失控而反過來帶給人類負面影響。

【補充】：有興趣想看 Saya 到底多像真人的讀者，可以在網路 Google 搜尋關鍵字「Saya：An extremely realistic CGI character。」

（漫畫藉由簡化圖像線條可以避開恐怖谷理論的效應，以及留
給讀者想像的空間。）

安慰劑效應

安慰劑效應（Placebo effect）於 1955 年由畢闕博士（Henry Beecher）提出，指的是病人雖然獲得理論上無效的治療，但卻因為病人相信治療有效，症狀反而改善，這個效應並不是由所服用的藥物引起，而是基於病人心理上對康復的希望以及期望造成的。

在臨床上，安慰劑大多是由葡萄糖和澱粉構成的中性物質，本身不具藥效，也無副作用，外觀通常會製成類似藥物，方便與真正的藥物療效做比較測試。

安慰劑對那些渴求治療、對醫務人員充分信任的病人能產生良好的積極反應，出現希望達到的藥效，這種反應就稱為安慰劑效應。使用安慰劑時容易出現相應的心理和生理反應的人，稱為「安慰劑反應者」。這種人的特點是：好與人交往、有依賴性、易受暗示、自信心不足，經常注意自身的各種生理變化和不適感，有疑病傾向和神經質。

【安慰劑效應】

出自漫畫 《醫院也瘋狂》

孩子啊，你錯怪老夫了，真正好藥都是潛移默化中改善體質的。

秦神醫你上次賣給我的天山雪蓮汁怎麼喝了沒用！

你看你能生氣代表你好多了，再喝一罐就會好了。

原來如此，神醫我錯怪你了！

孩子你又錯怪老夫了，話說「汗吐下」排毒三法，拉肚子是幫你排毒啊！

秦神醫你上次賣給我的天山雪蓮汁一喝就拉肚子，太扯了吧！

你看你清爽多了，再喝一罐就可以排光毒素了。

原來如此，神醫我又錯怪你了！

聽林醫師說，看《醫院也瘋狂》會變聰明又健康耶！

這麼有效，我馬上來看！

反安慰劑效應

反安慰劑效應（Nocebo effect），是一個與「安慰劑效應」性質相反的理論，指的是當病人接受治療時，如果基於某種原因，一開始就對於藥物或治療者不信任，服用明明無害的安慰劑，病人病情卻有可能惡化。

反安慰劑效應中的英文 nocebo，源自拉丁文的「我將傷害」。反安慰劑效應可以利用和檢測安慰劑效應的相同方法檢測出來。例如一組服用無效藥物的對照群組（Control group），反而會出現病情惡化的現象。這個現象相信是由於接受藥物的人士對於藥物的效力抱有負面的態度，不但抵銷了安慰劑效應，還造成了病情惡化的反安慰劑效應。

霍桑效應

　　霍桑效應（Hawthorne effect）是指當人知道自己成為被觀察對象後，會改變原本行為的效應。

　　1924 年到 1932 年，美國國家研究委員會對位於美國芝加哥的西方電氣公司（Western Electric Company）的霍桑工廠（Hawthorne Plant）進行了研究。霍桑工廠是一個製造電話交換機的工廠，這研究一開始是要探討不同光線照明度是否會對工人生產力造成影響。

　　研究過程中發現，第一組工人的生產力隨著照明強度的增強而提高，這符合一開始的假設理論，可是接著發現第二組工人生產力隨著照明「減弱」也仍然提高，這讓原本假設的理論難以自圓其說。

　　接著研究者發現，不論用哪種方式來研究生產力，都對生產力有正面促進的效果，也就是說工人的生產力提高，是因為感受到自己被觀察，而不是因為照明強度的變化。

　　值得注意的是，這研究過程中有安排專家與個別工人們進行多次的談話，總次數高達兩萬多次，過程中專家耐心傾聽工人對廠方的各種意見和不滿，沒有反駁或訓斥。

　　後來學者認為，除了知道自己被觀察導致行為改變之外，

也有學者認為是在研究訪談中傾聽了許多工人的心聲，讓工人長期以來對工廠的各種不滿宣洩出來，進而感到心情舒暢，工作效率增加，兩者理論都各有其道理。

前者理論的推廣運用，以學校為例，老師可以用適當方式讓學生們知道老師有在關注他們，學生學習的動機和效率就會增加。反過來說，同學知道自己被關注後努力進步了，可能又會被稱讚，又有更進步的動力了，呈現一種良性循環。

後者理論的推廣運用，包括老師可以關懷學生心中的不滿或是需要宣洩的情緒，這對學生的身心健康和學習動機都有正面效果，也可以從中聆聽是否有可以改進之處。有些公司設有「牢騷室」，也是一種「霍桑效應」的應用。

佛瑞效應

　　佛瑞效應（Forer effect）跟後面會提到的「巴納姆效應」相當類似，但因為相關資料比較多，把它拆成兩章節介紹。

　　1948 年，心理學家貝特拉姆·佛瑞（Bertram Forer）對 39 位心理系學生進行一項人格特質測驗，並請學生在測試後發表覺得準不準的評分，分數 0 是最低，最高分滿分是 5 分。

　　但學生們並不知道，其實所有人得到的「個人分析」都是相同的。結果測驗結束後，學生們的回饋平均分數約是 4.3，非常高，代表他們都認為這人格特質測驗非常的準。

　　而事實上，這些人格特質分析的語句是佛瑞從星座命理描述中蒐集摘錄出來的。從這實驗可見很多語句是適用於任何人，這些語句後來被稱為「巴納姆語句」。像是「你有時候會覺得你非常地相信自己，然而在其他的時候你並不是那麼的自信」這些句子幾乎適用於所有的人，因此每個人都可以按他們的意思去解讀。

　　1955 年，學者諾曼·蘇德貝（Norman Sundberg）的研究當中，他使用著名檢測量表「明尼蘇達多項人格問卷（Minnesota Multiphasic Personality Inventory，簡稱 MMPI）」來測驗 44 位學生，諾曼·蘇德貝先根據 MMPI 的測

驗結果寫下了學生們個性的正確評估，再用一些模糊空泛的形容詞拼湊出一份假的評估報告，把兩份評估都給學生，問學生他們相信哪一份評估報告比較準，竟然有 26 位學生（59%）反而選擇了那份捏造的報告，令人咋舌。

人很容易受外界資訊暗示，常常迷失在自我當中，並把他人的言行作為自己行動的參照，哪些人受暗示性強呢？可以透過一個簡單的測試檢查出來。

讓一個人水平抬起雙手，掌心朝上，閉上雙眼。告訴他現在他的左手上繫了一個氫氣球，並且不斷向上飄；他的右手上綁了一塊大石頭，向下墜。三分鐘以後，看他雙手之間的差距，距離越大，則容易接受暗示的特性越強。

後期研究發現，假如實驗對象符合以下條件，會讓實驗對象覺得分析更準：

· 實驗對象相信該分析只應用於他們身上。

· 實驗對象相信分析者的權威。

· 分析主要集中在描述實驗對象的正面訊息。

巴納姆效應（巴南效應）

巴納姆效應（Barnum effect），也稱「巴南效應」或「佛瑞效應」，指的是人們常對於為自己量身訂做的一些人格描述給予高度準確的評價，前面章節介紹的「佛瑞效應（Forer effect）」可說是巴納姆效應的前身，只不過後來巴納姆效應這詞的使用更頻繁。

1956 年，美國心理學教授保羅·梅爾（Paul Meehl）在為表達對美國著名的馬戲團創辦人兼表演者「費尼爾司·泰勒·巴納姆（P.T. Barnum）」表示敬意而命名。

【補充】：2017 年好萊塢電影「大娛樂家（The Greatest Showman）」，其中演員休·傑克曼（Hugh Jackman）所主演的男主角，就是這位馬戲團創辦人巴納姆。

巴納姆效應能夠解釋為何一些占星學、占卜、算命或心理測驗，常被普遍接受的原因。因為模糊、概括及普遍的文字描述，能夠放諸四海而皆準，適用於大部分人身上。這些語句又被稱為「巴納姆語句（Barnum statements）」。

巴納姆語句舉例：

「你喜歡別人喜歡你，也有許多優勢能力還沒有發揮出來，同時你也有些缺點，像是與異性交往有些困難，內心有些不安。你有時懷疑自己所做的決定或所做的事是否正確。你喜歡生活有些變化，厭惡被人限制。你有時外向、親切、好交際，而有時則內向、謹慎或沉默。」

以上描述相當模糊中性，通常正常人看了都會覺得有一定準確度，換句話說，它是頂「套在誰頭上都合適的帽子」。

巴納姆效應在生活中十分普遍。拿算命來說，很多人請教過算命先生後都認為算命先生說得很準。其實會去算命的人，通常當下心中都有些失意、疑惑或痛苦的狀況，此時的心理依賴性和受暗示性會變強，加上算命先生善於觀察及揣摩人的內心，適當講出一些能廣泛被人接受的建議，常會獲得不錯的效果，讓求助者信任。

巴納姆效應的原因，有學者認為跟「主觀驗證（Subjective validation）」有關。主觀驗證是一種認知偏誤，首次出現在 1980 年出版的心理學書籍「The Psychology of the Psychic」中，由心理學家大衛·馬克斯（David Marks）和理查·卡曼（Richard Kammann）所提出。主觀驗證指的是人們會認為一個信息中跟自己有相關性的部分特別重要，也有

比較高的機會認為這信息是正確的。因為人總是希望聽到別人提及自己，代表自己有一定重要性，也喜歡與其他人有連結或是關係。如果人看到與自己毫無關係的事情，比方說看到一則算命說明，會主動尋找與自己之間的相關性，並認為跟自己相關，這跟巴納姆效應有密切關聯，也是冷讀法（Cold reading）的一個重要原理。

【補充】：冷讀法是指冷靜判讀與汲取資訊的技法，可以用來說服他人自己懂很多東西，擅長冷讀法的人被稱為「冷讀者」。有經驗的冷讀者即使面對本來不認識的人，仍可從第一次見面，經由觀察那個人的表情、肢體語言、衣著、髮型、性別、種族、口音或反應，來汲取有用訊息。有的命理師、占卜師、通靈者或靈媒相當擅長冷讀，利用道具或儀式與你互動，並利用細心觀察來獲得訊息，並且在適當時機透露出他經由某種特殊能力預測得知你的狀況，冷讀者會快速的從你的反應分析預測是否正確，如果猜錯的話往往會快速跳過猜錯的地方，並轉移下一個冷讀者覺得準確或有用的資訊。

要避免巴納姆效應，最重要的是學會面對及接受自己。人都有缺點，但人通常希望自己是完美的，導致大部分人常會掩飾缺點或是希望有個「完美」的自己，卻無法了解和接受真正自我，導致容易患得患失、需要他人認同和迷失自我。

有些時候你外向活潑，有些時候卻又內向低調。

哇！這算命真的超準耶！

三明治效應

　　三明治效應（Sandwich effect）指的是當我們在批評他人時候，如果能把批評的內容夾在兩個表揚之中，被批評的人會較容易接受的現象，就像是三明治兩層吐司中夾著肉，肉代表批評，而吐司則代表的是讚美和肯定，顧名思義被稱為三明治效應。

三明治說話法	
上層	認同、欣賞、關愛、幽默感
夾心	建議、批評
下層	鼓勵、希望、信任、支援

　　這種批評法不僅不會傷到被批評者的自尊心，還能讓他接受批評並改正自己的不足方面。舉個類似的例子，就像是病人吃藥的目的是為了治好病，但有的治療藥物雖然有效但很苦，病人可能會不想吃，就如同批評或許有用但不中聽，有些人會聽不進去。為了讓病人更容易吃下去，藥外面常會裹上一層糖衣做包裝。例如主管發現員工遲到可能會這樣說：「你怎麼老

是遲到，你什麼意思呀？看來我不罰你還不行。我警告你，以後別再犯！」但如果是利用三明治效應的批評法，可以用下列說法：「你過去表現都很棒，最近怎麼會常常遲到？」聽他解釋完後說：「依照公司規定還是要給一點懲罰，對我來說也情非得已。拜託以後別讓我太難做人了好不好？」接著可以拍拍對方的肩膀或是握手。

為什麼三明治式的批評有效呢？有幾種可能的理論：

【去防衛心理作用】

在批評之前，先說些關懷讚美的話，就可以營造友好的溝通氛圍，並可以讓對方平靜下來安下心來進行交流對話。如果一開始就是直接的批評，語氣又十分嚴厲，那麼對方就會產生一種反射性的防禦反應以保護自我。一旦產生了這種防衛心態，那就很難再聽得進批評意見了，哪怕批評是正確的，也都將徒勞。可見，三明治的第一層就是「去防衛心態」的作用，使受批評者樂於接受意見。

【去後顧之憂作用】

許多破壞性的批評總是一而再，再而三地進行批評，批評結束時還讓人心有餘悸，讓人搞不清楚是在受批評，還是接

受懲罰。而三明治法的最後一層就產生了去後顧之憂的作用，它會給了受批評者鼓勵、希望、信任、支持或幫助，使受批評者能振作精神並重新再來，不至於會低潮陷於泥沼之中。

【給受批評者面子】

批評不是目的，只是希望對方改善的方式。三明治式的批評法指出了問題又讓人容易接受，比較不會有後遺症，不傷人的感情、不損傷人的自尊心，能激發人向善的良心。

但實行上要注意的是，這三層的論述必須彼此不互相矛盾和衝突，不然不但沒有辦法達到傳遞善意批評的效果，反而讓人覺得虛假又邏輯不通，造成反效果。錯誤的使用例子包括對人說：「你真是天才......不對，應該是白癡......不對我搞錯了你真的是天才。」

另外萬一讚美偏多、批評偏少，過於隱晦包裝的話，有的被批評者不但會忽略被批評的部分，可能還會以為自己做得很好被稱讚，也是需要注意的部分。

名人效應（權威效應）

名人效應（Celebrity effect）又被稱為「權威效應」或是「安潔莉娜‧裘莉效應（Angelina Jolie effect）」，是一種常見的社會心理學現象，指的是說話的人如果有名氣或權威性，那他所說的話容易讓別人相信或服從，跟古諺「人微言輕、人貴言重」意思相近。

生活中很多廠商都會找明星或權威人士代言商品，因為名人對於民眾有影響號召力。利用名人效應，民眾會對名人的喜歡或信任投射到廣告代言的商品，這是典型的利用名人代言方法（Celebrity endorsement）。

1956 年，心理學家唐納‧霍頓（Donald Horton）和理查‧沃爾（Richard Wohl）指出，許多廣告或節目會讓名人上節目，利用日常談話、親近稱呼或特寫鏡頭等，都是為了讓觀眾產生能與名人近距離接觸的錯覺，進而推銷產品。

俄國心理學家曾做過這樣一個試驗：他把進修班學生分成四組，請一位副教授分別向他們作關於阿爾及利亞學校教育的講演。講演者雖用同樣的講稿，但在各組演講時以不同的身分出現，也穿著不同的衣服，

1. 第一組以「副教授」的身分出現。

2. 第二組以「中學教師」的身分出現。

3. 第三組以參加過國際賽「運動員」的身分出現。

4. 第四組以「保健工作者」的身分出現。

結果發現學生對講演效果的評價有顯著差別。第三和第四組的學生認為演講者授課內容枯燥無味、浪費時間。而第一組學員普遍地給予演講者好評，認為講演者學識淵博、獲益良多。

由此可見，如果學生認為演講者是「副教授」的權威身分，對於其授課內容會有較高的評價以及學習動機。而雖然第三組的身分是參與過國際賽的運動員，但不夠有名且與授課內容無直接關係，反而會造成負面評價。

美國心理學家曾做過一個有趣的實驗，在給大學講課時，向學生介紹說聘請到舉世聞名的化學家來授課。然後這位化學家在授課過程中對學生說，他發現了一種新的化學物質，這種物質具有強烈的氣味，但對人體無害，接著打開瓶蓋，過了一會兒，他要求聞到氣味的同學舉手，不少同學舉了手，其實這只瓶子裡只不過是蒸餾水，所謂的「化學家」也只是從外校請來的德語教師。這種由於接受名人的暗示所產生的信服和盲從現象被稱為名人效應。

名人效應的產生強度，要看名人本身的權威度和知名度，

名人之所以成為名人，他們在某一領域必然有其過人之處或是話題性。另外觀眾的自我認同較低、較沒自信、接受暗示性強或是缺乏關愛，受到名人效應影響的程度也會比較大。

另外名人效應也被稱為「安潔莉娜·裘莉效應」的原因是因為安潔莉娜·裘莉在 2013 年《紐約時報》所寫的一篇很有影響力的文章，文中她提到身體檢查發現自己有 BRCA1 及 BRCA2 基因缺陷，加上有乳癌家族史，導致評估未來罹患乳癌的風險較高，於是她進行了預防性的雙側乳房切除術，也鼓勵其他女性進行基因檢測。該篇文章發表後的 15 天內，全美接受 BRCA 基因檢測的女性比平時增加了 64%。僅僅安潔莉娜·裘莉的文章就足以產生這麼大的影響力。

名人效應是把雙面刃，不好的名人效應也會造成社會動盪不安。日本岡田有希子是日本 1980 年代當紅的青少年偶像歌手，在 1986 年跳樓身亡，年僅二十歲，事後被媒體大肆報導，日本當年的自殺人數突然大幅增加了 40%，且同樣多以跳樓結束生命。又如 2003 年港星張國榮自殺，香港自殺防治中心發現，當月自殺案件顯著增加。台灣才女林奕含 2017 年 2 月出版「房思琪的初戀樂園」，2017 年 4 月自殺，年僅 26 歲，不管是自殺新聞、後續風波或出版書籍內容，也造成不少台灣民眾情緒受到極大影響。

所以我們要善用名人效應好的部分，同時也要避免名人效應壞的部分。

史丹佛監獄實驗

　　史丹佛監獄實驗（Stanford prison experiment）是史上最惡名昭彰的實驗之一，儘管內容和真實性多年來飽受各界爭議，但仍是相當著名且有代表性的實驗。史丹佛監獄實驗結果指出：善良的人可以因為環境或情境的影響，轉變為暴力或邪惡。

　　史丹佛監獄實驗經常被拿來與米爾格倫實驗（Milgram experiment）比較。米爾格倫實驗是於 1961 年在耶魯大學，由津巴多中學時代的好友斯坦利·米爾格倫（Stanley Milgram）進行的實驗。當時的津巴多自己是擔任典獄長角色。兩個實驗相當類似，都呈現了人性的由善良轉變為暴力過程。

　　1971 年，美國著名心理學家菲力浦·津巴多（Philip Zimbardo）在史丹佛大學（Stanford University）的模擬監獄內進行了這個實驗，實驗方式是讓學生受試者分別扮演監獄的獄警和囚犯，進而研究雙方的心理變化，這實驗由美國海軍資助。

　　研究中，志願受試者每天能得到 15 美元的報酬，有 70 名應徵者接受面試與心理測試，其中 24 名被認為身心健康，

實驗從 24 人中間隨機抽出 9 名飾演獄警和 9 名飾演囚犯。志願受試者們還被告知，如果被分派去飾演囚犯，他們可能會被剝奪公民權利，並且只能得到最低限度的飲食和醫療照顧。

後來那些飾演囚犯的志願受試者被真的員警「逮捕」了，警車一路鳴笛到達志願受試者家，警員將他們雙手上手銬逮捕，接著被帶到警察局進行羈押，之後帶到史丹佛大學地下室所改造的實驗監獄。

實驗開始，囚犯先脫掉衣服並灑上除蝨藥粉，穿上囚袍。每個人以編號來代替名字，並且在腳踝綁鎖鏈。獄警則身穿制服，有警棍和戴墨鏡。由於沒有手錶、時鐘，也沒有窗戶，所以囚犯們並不知道時間。最重要的一個規定是獄警可隨自己喜好對囚犯進行懲罰。

第一天，大家還相安無事，但第二天囚犯便發起了一場暴動，撕掉囚服上的編號、拒絕服從命令和取笑獄警。獄警採取的措施包括強迫囚犯做伏地挺身、脫光他們衣服、讓他們手洗馬桶等或拿走他們飯菜和棉被。

最後場面逐漸失控，囚犯和獄警很快融入情境當中，獄警明瞭到自己地位優勢後，一部分竟顯示出虐待傾向，使囚犯身心受創，「囚犯」們先是反抗，然後在巨大劣勢中逐漸喪失自我，最後放棄反抗，其中有 2 人因為身心狀況很差而提前

退出實驗。最後津巴多在社會輿論與親友的抗議壓力下，終止了實驗。

津巴多的實驗中，獄警認為受虐囚犯是罪有應得，並且會合理化自己的暴力手段。而囚犯儘管認為自己沒有犯錯或不是「壞人」，但仍無法抵抗獄警聯合的施暴。

津巴多試圖用他的實驗指出，有時候人在目睹惡行時會無動於衷，甚至會加入其中。像德國納粹屠殺集中營的猶太人，日本人在南京屠殺中國人，這些究竟是人性本惡還是人性容易受到權力和情境的影響？

但津巴多樂觀地表示，人們只要能正視承認自己的錯誤，並相信自己能夠反對任何不公正的制度，都能避免成為變成惡人。他舉的例子包括發聲抗議「麥卡錫主義（McCarthyism）」、「種族歧視主義」或反對美國參與越戰的人們。

【補充】：麥卡錫主義：指的是在沒有足夠證據的情況下指控他人有不忠或叛國等罪。 它也指「使用不正當的方式來攻擊對異議者。」 在麥卡錫時代，不少美國人被指為共產黨人或同情共產主義者，被迫在政府或私營部門、委員會等地接受不恰當的調查和審問。

米爾格倫實驗

　　米爾格倫實驗（Milgram experiment），又稱「權威服從研究（Obedience to authority study）」，是 1963 年由耶魯大學著名心理學家斯坦利‧米爾格倫（Stanley Milgram）在《變態心理學雜誌》裡所發表的研究文章《Behavioral Study of Obedience》，米爾格倫也於 1974 年出版的書籍《服從權威：有多少罪惡，假服從之名而行（Obedience to Authority: An Experimental View）》裡討論。這個實驗的目的是為了測試受測者在面對權威者下達違背良心的命令時，人性所能發揮的拒絕力量到底有多少。

　　實驗開始於 1961 年 7 月，也就是納粹黨徒阿道夫‧艾希曼（Adolf Eichmann）被抓回耶路撒冷審判並被判處死刑後的一年。米爾格倫設計了這個實驗便是為了測試「艾希曼以及其他千百萬名參與了猶太人大屠殺的納粹追隨者，有沒有可能只是單純服從上級的命令呢？我們能稱呼他們為大屠殺的兇手嗎？」

　　實驗小組在報紙上刊登廣告並寄出許多廣告信，招募參與者前來耶魯大學協助實驗。實驗地點選在大學的老舊校區中的一間地下室，地下室有兩個以牆壁隔開的房間。廣告上說

明實驗將進行約一小時，報酬是 4.50 美元。參與者年齡從 20 歲至 50 歲不等，包含各種教育背景，從小學畢業至博士學位都有。

實驗小組告訴參與者，這是一項關於「體罰對於學習行為的效用」的實驗，並告訴參與者他將扮演「老師」的角色，以教導隔壁房間的另一位參與者──「學生」，然而學生事實上是由實驗人員所假冒的。所有參與者都是擔任「老師」。

「老師」和「學生」分處不同房間，他們不能看到對方，但能隔著牆壁以聲音互相溝通。在其中一個版本的實驗，「學生」明確告知參與者，他患有心臟疾病。報酬在實驗前就先發放，並表示就算參與者中途退出實驗也不需退還報酬。

「老師」被給予一個電擊控制器，控制器連結至一具發電機，並被告知這具控制器能使隔壁的「學生」受到電擊。「老師」所取得的答案卷上列出了一些搭配好的單字，而「老師」的任務便是教導隔壁的「學生」。老師會逐一朗讀這些單字配對給學生聽，朗讀完畢後老師會開始考試，每個單字配對會唸出四個單字選項讓學生作答，學生會按下按鈕以指出正確答案。如果學生答對了，老師會繼續測驗其他單字。如果學生答錯了，老師會對學生施以電擊，如果持續作答錯誤，電擊的伏特數也會隨之提升。

參與者相信每次作答錯誤時，學生會真的遭到電擊，但事實上並沒有真的進行電擊。在隔壁房間裡，由實驗人員所假冒的學生打開錄音機，錄音機會搭配著發電機的動作而播放預先錄製的尖叫聲，隨著電擊伏特數提升也會有更為驚人的尖叫聲。當伏特數提升到一定程度後，假冒的學生會開始敲打牆壁，而在敲打牆壁數次後則會開始抱怨他患有心臟疾病。接下來當伏特數繼續提升倒一定程度後，學生將會突然沉默並停止任何反應。

電壓（伏特）	「學生」的反應
120 V	痛叫
150 V	說想退出試驗
200 V	大叫：「血管都塞住了！」
300 V	痛苦到無法回答問題
超過 330 V	靜默死寂

許多參與者「老師」都希望能暫停實驗以檢查「學生」的狀況；許多參與者在到達 135 伏特前暫停，並質疑這次實驗的目的。一些人在獲知他們無須承擔任何責任與風險的保證後繼續測驗。若是參與者表示想要停止實驗時，實驗人員會依以下順序這樣子回覆他：

1. 「請繼續。」

2. 「這個實驗需要你繼續進行，請繼續。」

3. 「你必須繼續進行。」

4. 「你沒有其他選擇，必須繼續。」

　　如果經過四次回覆後，參與者仍然希望停止，那實驗便會停止。否則實驗將繼續進行，直到參與者施加的懲罰電壓提升至最大的 450 伏特並持續三次後，實驗才會停止。米爾格倫為整個實驗過程和其結果錄製了紀錄片，片名是「服從」。

　　在進行實驗之前，米爾格倫和他的心理學家同事們認為只有 1~10% 的人會狠下心來繼續懲罰直到最大伏特數。結果在米爾格倫的第一次實驗中，約 65% 的參與者都使用到最大 450 伏特懲罰，他們大部分在過程中都有猶疑或不情願的想法，其中少數人甚至表示願意退回實驗的酬勞。但是在實驗中，沒有參與者在到達 300 伏特之前堅持停止。後來米爾格倫自己以及許多全世界的心理學家也重做了類似實驗，但都得到了類似的結果。

　　米爾格倫在 1974 年的文章「服從的危險」中寫道：「在法律和哲學上有關服從的研究是很重要的，我在耶魯大學設計了一個實驗，測試一位普通民眾，是否會只因一位實驗中科學家的指令，就在另一個人身上加諸痛苦，即使他會聽到受虐者

痛苦的叫聲，多數情況下民眾仍會接受命令繼續實驗。這顯示人會因為權威的命令而服從，做出可怕的事情，而我們必須重視這現象並進行研究。」儘管這項實驗帶來了對人類心理學研究的寶貴發現，許多現在的科學家會將這類實驗視為是違反實驗倫理的。

越戰時期，一位曾參與過米爾格倫實驗的受試者表示：「1964 年實驗中，雖然我知道自己在傷害別人，但我完全不曉得我為什麼要這樣做。當人們根據他們所信仰的事物服從而行動時，很少人會意識到這點。後來因為越戰我被政府徵召入伍，我可能會因為長官指示做出一些可怕的壞事，但因為經歷過這個實驗，我可以學會拒絕威權。雖然有可能因此而坐牢，但對得起我的良心。我唯一的希望，是我那些同樣被徵召的夥伴們也能如此發揮他們的良心。」

白熊效應（白象效應）

　　白熊效應（White bear phenomenon）又稱「白象效應」或「反彈效應」，源自於美國社會心理學家丹尼爾·魏格納（Daniel Wegner）的實驗，實驗中魏格納要求參與者嘗試不要想像一隻白色的熊，結果人們腦海中反而馬上浮現出一隻白熊的形象。

　　當我們刻意轉移注意力時，思維也開始出現無意識的監視自己是否還在想不應該想的事情，使我們無法從根本上放棄對事情的關注。

　　相信大家都有類似的經驗，失戀時想努力忘記傷了自己心的戀人，結果發現對方的形象在腦中愈加清晰。失眠的人擔心晚上失眠，結果因為持續擔心，產生的焦慮反而更容易造成失眠。

　　家長叫小孩不要玩電玩遊戲，結果小孩腦海中反而浮現電腦遊戲。停止想像那些不被贊同的事情是一件很艱難的任務。比如叫你千萬不要去想像「白熊」這種動物，然後問你在想什麼。那麼極有可能在你腦海中就會徘徊著一隻白熊。越想忘記什麼越忘不掉，因為在你提醒自己要忘記的同時，其實也會對資訊再確認和再加深。很多時候我們希望讓自己不要想特定事

情，反而會想更多。這現象被稱為「白熊效應」。

白熊效應的應用

要忘掉一件事，最好的辦法是順其自然、轉移注意力。不要想把某件事情非忘記不可，好好把注意力放到自己日常應該開展的生活、工作中，時間久了自然會淡忘。我們只能努力記憶，淡忘只能順應自然，這就是思維的規律。

醫師在治療患者時多少都會給予衛教指導，此時肯定的指導方式往往比否定的方式好。以失眠為例，醫師可以建議病患：

「你睡前要放輕鬆，做些輕鬆的活動，或許可以試試放鬆打坐。」

這種肯定的指導語會比下面這種好。

「你睡前不要胡思亂想，也不要滑手機或看電視。」

之後有其他學者將這個效應改稱為「白象效應」或「粉紅色大象效應」，是為了更加鮮明凸顯那些試圖壓抑的行為是徒勞無功而已。因為白熊還有其可能性和合理性，像是北極熊，但是白象或粉紅色大象，在現實中就不太可能存在，所以想像這畫面會顯得更不合理和突兀。

墨菲定律

墨菲定律（Murphy's law）或稱「莫非定律」，指的是「只要有可能，意外往往會發生。」

1949 年，愛德華·墨菲（Edward Murphy）擔任美國愛德華茲空軍基地的上尉工程師。他和主管約翰·斯塔普（John Stapp）少校在一次火箭實驗中遇到了故障事故，事後墨菲發現測量儀表被技術人員裝反了。由此墨菲得出的教訓是：如果做某項工作有多種方法，而其中有一種方法將導致事故，那麼一定有人會按這種方法去做。斯塔普在事後的記者會上將這現象稱為「墨菲法則」，定律的原話是：「If there are two or more ways to do something，and one of those ways can result in a catastrophe，then someone will do it。」簡化來說就是：「凡事如果可能出錯，那就一定會出錯。」（Anything that can go wrong will go wrong。）

我們常有類似的經驗，如果在街上想攔計程車時，要嘛沒看到半輛或所有計程車都是載客中。而當平常不需要計程車的時候，卻發現有很多可載客的計程車。

另外一種情況，如果一片麵包掉在地毯上，兩面都可能著地。但如果一面是塗有果醬，往往是有果醬的那面朝下碰到

地板。

墨菲定律後來被歸類成四個原則：

1. 任何事情都沒有表面看起來那麼簡單。

2. 所有的事情發生的經過都會比你預計的時間長。

3. 會出錯的事總是會出錯。

4. 你愈擔心某種情況發生，那麼它就更可能發生。

墨菲定律告訴我們，不管多麼小心預防，意外事故仍可能會發生。所以我們平時應該更小心防範和全面預防，「不能忽視小概率危險事件」。如果真的發生意外，關鍵在於更正所犯的錯誤，預防未來可能再發生的機會，而不是企圖粉飾太平來掩蓋它。而面對已發生的意外、損失或災難，我們也應該不要過度放大檢視，了解墨菲定律總是讓人生充滿意外，平常心面對與接受。

【墨菲定律】

出自漫畫《醫院也瘋狂》

貝勃定律

　　貝勃定律（Beibo law）是一個社會心理學效應，指的是當人經歷強烈的刺激後，之後施予的刺激對他來說也就變得微不足道。即第一次刺激能緩解第二次的小刺激。

　　有人做過一個實驗：一個人右手舉著 300 克的砝碼，這時在其左手上放 305 克的砝碼，他並不會覺得有多少差別，直到左手砝碼的重量加至 306 克時才會覺得有些重；如果右手舉著 600 克，這時左手上的重量要達到 612 克才能感覺到重了。也就是說，原來的砝碼越重，後來就必須加更大的量才能感覺到差別，這種現象被稱為「貝勃定律」。

　　人們錦上添花的效果，比不上雪中送炭，其實也是因為貝勃定律。人們對接受到持續的照顧與關愛，容易習慣和忽略而不抱持著感恩之心，反而對於外人短暫的幫忙常會感恩在心。生活中常見的就是青少年在面對家人以及同儕之間協助時候的反應，常會認為家人幫忙是天經地義，而同學幫忙則是「超級好麻吉」，忽略了家人無私的愛。

玫瑰實驗

某年情人節前夕，一位義大利的心理學家在兩對成長背景、年齡和交往過程都相似的戀人中，做了一個玫瑰實驗。心理學家讓其中一對戀人中的男孩，每個週末都給自己心愛的姑娘送一束紅玫瑰；而讓另一對戀人中的男孩，只在情人節那一天對自己心愛的姑娘送一束紅玫瑰。由於兩個男孩的送花頻率和時機不同，導致截然不同的結果。

那個在每個週末收到紅玫瑰的姑娘，表現得相當平靜。儘管沒有不滿意，但她還是忍不住說了一句：「我看到別人送給女友大把的『藍色妖姬』，比這普通的紅玫瑰漂亮多了！」

而那個從來沒有收過紅玫瑰的姑娘，當手捧著男朋友送來的紅玫瑰花時，表現出了被關愛的極度甜蜜，欣喜若狂地與男友緊緊擁吻在一起。

關愛麻木

一個女孩和母親吵架賭氣離家。在外逛了一天，直到肚子很餓了，她來到一個麵攤前，卻發現忘記帶錢了。好心的麵攤老闆免費煮了一碗麵給她。女孩感激地說：「我們又不認識，你就對我這麼好！可是我媽媽，竟然對我那麼絕情......」

麵攤老闆說：「我才煮一碗麵給你吃，你就這麼感激我，

你媽幫你煮了十幾年飯，你不是更應感激嗎？」女孩一聽，整個人愣住了！是呀，媽媽辛苦地養育我，我非但沒有感激，反而為了小小的事，就和她大吵一架。女孩鼓起勇氣，往家的方向走，快到家門時，她看到疲憊、焦急的母親正在四處張望。媽媽看到女孩時，忙喊：「飯都已經做好了，快回去吃，菜都涼了！」此時女孩的眼淚奪眶而出......

我們對親人朋友的關愛習以為常；而陌生人的一點幫助，我們卻感激不已。這便是「貝勃定律」在操弄我們的感覺。對於親人朋友，我們對他們的關愛習以為常，而且期望值很高。有時他們少了一絲關愛，我們甚至會惡言相向。對於陌生人，我們沒有抱著多大的期望，因此，他們的一點點幫助，我們都感動不已。

職場印象

一個新人剛開始工作，在公司拚命表現，兢兢業業，然而在慢慢熟悉環境後就開始鬆懈怠惰，周圍的人會覺得這個人矯情，前面的表現都是假的，對這個人的人品也提出質疑；另外一個新人，開始就顯得一無是處，懶散不守紀律，慢慢熟悉之後，懂得公司的規矩。僅僅能做到按時上班，但大家都會誇獎他進步，表現越來越好，覺得這個人有上進心，比前者好很

多。其實，前者已經做的工作總量不知道比後者多了多少。

應用

貝勃定律是一個「狡猾」的定律。它在各方面幾乎都能屢試不爽。因為，不論生理上還是心理上，人總是會有一種逐漸適應的機制。有頭腦的人會利用貝勃定律為自己減輕做事的阻力。一般商店會小幅度調漲產品價格，但在人們都接受以後就會加價更多。或者有的商店起初一直把價位抬得很高，某天突然大幅減價，雖遠遠高於成本，卻也會有吸引顧客的效果。

「貝勃規律」經常應用於人事變動或機構改組。一家公司要想趕走被視為眼中釘的人，應該先對與這些人無關的部門進行大規模的人事變動或裁員，使其他職員習慣於這種衝擊。然後在第三或第四次的人事變動和裁員時再把矛頭指向原定目標。很多人受到第一次衝擊後，對後來的衝擊已經麻木了。

一般有經驗的談判專家都是在談判臨近結束時才提出一些棘手的條件，而對方被一開始的優厚條件所誘惑，也就不怎麼在意後來才知道的那些缺點了。

第一次刺激能緩解第二次的小刺激即「貝勃規律」。實驗表明，人們對報紙售價漲了 50 元或汽車票由 200 元漲到 250 元會十分敏感，但房價漲了 100 萬甚至 200 萬元，人們都不

會覺得漲幅很大。人們一開始受到的刺激越強,對以後的刺激感也就越遲鈍。

定勢效應

　　定勢效應（Einstellung effect）是一種認知偏差，指的是人們在解決問題時傾向採用熟悉的方法，並使人忽視其他可能更有效或更適合的方法。Einstellung 是德文單字，意思是「設定好的」。

　　定勢效應的典故來自於 1942 年美國心理學家亞伯拉罕·路琴（Abraham Luchins）的水壺實驗。在實驗中他要求受試者以假想倒水方式去解開一些簡單數學題。例如，想像手上有三個空水壺，容量分別是 21、127 和 3 單位，然後設法把水在水壺之間倒來倒去，以得到剛好 100 單位的水。

　　操作次數沒有限制，但是每次盛裝或倒出的水量都必須是這三個容器的容量之一。正確的方法是先裝滿 127 單位的水壺，再用這個水壺倒滿 21 單位的水壺，原先水壺的水量便剩下 106 單位，最後再裝滿並倒空 3 單位的水壺兩次，就可以得到 100 單位的水了。

$$127-21=106$$

$$106-3-3=100$$

　　路琴讓受試者嘗試好幾個問題，每個問題都可以用類似的「三步法」解開，受試者也都很快完成。接著路琴要受試

者利用 23、49 和 3 單位的水壺得出 20 單位的水。很多受試者仍持續用老方法來解決這個比較簡單的問題，也就是用裝滿 49 單位的水壺先倒滿 23 單位、再倒滿 3 單位兩次：

49-23=26

26-3-3=20

而當路琴給受試者的問題不能用熟悉的三步法而只能用兩步驟以內解答時，受試者都放棄並認為無解。事實上只要裝滿一次 23 單位的水壺，再拿它倒滿 3 單位的水壺一次就行了，也就是：

23-3 = 20

其實很簡單對吧！

定勢效應的延伸可以視為一種刻板印象，比方說小說中的角色如果長得獐頭鼠目，我們就會認為他是「壞人」，如果是相貌端莊或正氣凜然，我們就會覺得他是「好人」。延伸到生活中，看到穿著華麗或開名車戴名錶的人就覺得是有錢人，看到穿拖鞋、吊嘎和短褲的人就覺得是窮人，其實這些都算是廣泛的定勢效應。

在人際交往中，定勢效應讓人們用一種固定刻板思維去認知他人。例如我們會認為老年人思想僵化、墨守成規或跟不上時代。而老人家會認為年輕人缺乏經驗、抗壓力差或「嘴巴

無毛，辦事不牢」。與同學相處時，我們會認為誠實的人始終不會說謊；而一旦我們認為某人老奸巨猾，即使他對你表示好感，你也會認為這是「黃鼠狼給雞拜年沒安好心」。 心理定勢效應常常會導致偏見和成見，阻礙我們正確地認識他人。所以我們不要用刻板眼光來看人處事，許多人是「士別三日，刮目相看」。

前蘇聯社會心理學家包達列夫（A. A. Bodalev）曾做過一個「心理定勢」的經典實驗：研究者向兩組學生出示同一張照片，但在出示照片前，向第一組學生說：這個人是一個無惡不作的罪犯；對第二組學生卻說：這個人是一位偉大的科學家。然後他讓兩組學生各自用文字描述照片上這個人的相貌。

第一組學生的描述是：「深陷的雙眼表明他內心充滿仇恨，突出的下巴證明他頑固的個性。」而第二組的描述是：「深陷的雙眼表明此人思想的深度，突出的下巴表明此人克服困難的意志力。」由這實驗可以發現，人們對同一個人的評價，僅僅因為先前得到的提示不同，得到的描述竟然有如此戲劇性的差距，可見心理定勢對人們有巨大的影響。

鮑達列夫也曾調查 72 位受試者，想了解他們是如何理解一個人的外貌，其中有 9 個人認為「方正的下巴」是意志堅強的象徵，而「寬大的前額」則是智慧的標誌。有 3 個人認

為「粗硬的頭髮」表示個性倔強。有 14 個人認為「肥胖」表示心地善良。有 2 個人認為「肥厚的嘴唇」代表憨厚樸實。

以上實驗所出現的現象是由於人們對罪犯和科學家都有一定的社會刻板印象，因此就產生了認識上的不同。對各類人或某群體形成的一種概括而固定的看法，並以此作為評價其人格的依據，就叫做社會刻板印象。在日常生活中有些刻板印象和職業、地區、性別、年齡有關。如人們常會認為商人比較精明狡猾，知識份子比較高傲清高；男性剛強，女性溫柔；青年人衝動，老年人穩重等。社會刻板印象有利於對某一群人作概括的認識和瞭解，但也容易導致對人的認知有偏差成見。

定勢現象只要透過一種簡單的實驗就可以顯示出來：先讓人重複看兩個大小不同的球，然後再讓他看兩個大小相等的球，在這種情況下，他會認為這兩個球仍然大小不一，所產生的這種錯覺叫做「定勢錯覺」。這是因為看大小不同的球時所形成的知覺習慣已經定型。

著名的科普作家、小說家與化學教授「以撒·艾西莫夫（Isaac Asimov）」是出生於俄羅斯的美籍猶太人。艾西莫夫一生中撰寫了 400 多本書，被譽為是 20 世紀三大科幻小說家之一。他生於白俄羅斯，三歲時隨父母移民美國定居紐約市。聰明絕頂的他，19 歲即畢業於哥倫比亞大學，又陸續於該校

獲得化學碩士與博士學位。1949 年他成為波士頓大學醫學院講師，1955 年升副教授，三年後由於太過熱衷寫作，遂辭去教職成為專業作家，直到生命最後一刻。

艾西莫夫無所不寫，但他最愛的還是撰寫科幻作品。他曾贏得五次「雨果獎」、二次「星雲獎」以及科幻界最高榮譽的「科幻大師獎」。好萊塢兩部機器人科幻巨片「變人」與「機械公敵」，便是根據他的小說改編。

艾西莫夫在《智力究竟是什麼》文章中曾經講過一個自己的故事。他說自己從小就聰明，年輕時智力測驗大概在 160 左右，屬於天才，他一直為此而洋洋得意。

有一天，艾西莫夫遇到一位汽車修理工，修理工對艾西莫夫說：「嗨，博士！我問你一題來考考你的智力，看你能不能回答正確。」艾西莫夫心想一位做粗工的能出多難的題目？於是就答應了。

修理工便說：「有一位又聾又啞的人想買釘子，來到五金商店對售貨員做了一個手勢：左手兩個指頭立在櫃檯上，右手握拳做出敲擊的樣子。售貨員見狀，先拿給他一把錘子；聾啞人士搖搖頭，指了立著的那兩根指頭。於是售貨員就明白了，聾啞人士想買的是釘子。接著進來一位盲人。這位盲人想買一把剪刀，請問要怎麼做？」

艾西莫夫心想，這還不簡單嗎？便順口答道：「盲人肯定會這樣……」艾西莫夫伸出食指和中指，做出剪刀的形狀。

汽車修理工一聽大笑：「哈哈，博士你答錯了！盲人如果想買剪刀，只需要開口說『我想買剪刀』就行了！在考你之前，我就料定你會答錯，因為你所受的教育太多了，思考太僵化了。」

並不是因為學的知識多了反而變笨了，而是因為知識和經驗容易在腦中形成定勢思維，束縛人的多元思考可能性。

中國著名數學家華羅庚也講過：「如果我們去摸一個袋子，第一次，我們從中摸出一個紅玻璃球，第二次、第三次、第四次和第五次都還是摸出紅玻璃球，我們就會想這個袋子裡裝的都是紅玻璃球，可是，當我們繼續摸到第六次時，摸出一個白玻璃球時，那麼我們會認為袋子裡裝的是一些不同顏色的玻璃球罷了。可是當我們繼續摸，我們又摸出一個小木球時，我們又會想裡面裝的是一些球。」

由這故事可以得知，人們在有限的經驗和感受影響下，會容易形成定勢思維。在一定的範圍內似乎這種思考方式沒有錯，但如果跳出了這個範圍，就可能是完全不一樣的世界。

定勢效應不僅影響思考，也影響記憶。美國心理學家高爾頓·奧爾波特（Gordon Allport）曾發表過研究，他讓觀察

者觀看一部地鐵上的事件影片，影片中上一個身穿企業家服裝的黑人受到一個身穿工作服手持小刀的白人威脅。中產階級的白人通常認為黑人比白人更粗暴。這種定勢效應讓他們看完影片後回想，有的民眾說在影片中他們看到黑人手持小刀，有些人甚至回憶說，他們看到白人身穿企業家服裝，黑人身穿工作服。

　　定勢效應是一種使人產生偏見的心理效應，我們必須克服這一效應給我們帶來的消極影響，盡可能正確地認識我們周圍的人事物，減少判斷的失誤。

錯誤共識效應

　　錯誤共識效應（False consensus effect）指的是團體或個體往往會高估公眾與他們看法雷同的可能性。人們都會傾向把自己的思維方式投射向他人，讓我們相信自己的愛好與大多數人是一樣的。如果你喜歡玩電腦遊戲，那麼就有可能高估喜歡電腦遊戲的人數。根據研究統計分析，這種推測的結果通常不成立，因此這種共識通常是種「錯覺」。

　　同樣道理，在選舉時候，民眾可能會高估自己喜歡的候選人未來得票數，候選人可能也會認為有很多人會支持自己。喜歡喝酒的人，相信其他人也是喜歡喝酒的，但事實上大部分人不喜歡喝酒，只是職場人際關係或是因為主管強勢勸酒使然，但之後心裡可能是不滿或怨懟。

　　剛接觸健身而喜歡健身的人，可能以為大家都喜歡健身，周邊會有很多和自己一樣未來會喜歡健身的人，甚至會錯誤高估市場，認為自己開健身房可以賺大錢，買了很多健身設施也租了店面才發現沒有預期的好，這些跟錯誤共識效應都有相關性。

　　錯誤共識效應的原因可能跟可利用性法則（Availability heuristic）、自利性偏差（Self-serving bias）和心理自我保

護機制（Protective mechanisms）有關。

【補充】：可利用性法則指的是人們往往根據對事件的既有經驗、記憶和訊息，來確定該事件的發展可能性，而不是去尋找其他相關的線索和訊息，來推斷更客觀合理的可能性，進而影響到判斷事情的正確性與認知偏差。

【補充】：自利性偏差指的是人們通常將成功歸因於自己的性格特質，而將失敗歸因於他人或環境影響。而對他人則正好相反，他人的成功我們可能會嗤之以鼻，說是他繼承父母遺產或是運氣好，他人的失敗我們則可能會說是他本身個性、判斷力或技術不好。導致這種現象的可能原因是因為人們通常對自己自身的條件和身邊的環境更加了解，所以會將失敗歸因於外在的條件對自己的影響。而當失敗發生在他人身上時，人們因為很難理解他人的處境和周圍客觀條件的因素，所以更傾向於將他人的失敗歸因於個人的性格特質原因。

錯誤共識效應與「多數無知（Pluralistic ignorance）」不同，多數無知 1931 年由丹尼爾卡茨（Daniel Katz）所提出，指的是群體多數成員心中反對某件事，但是錯誤地認為其他人都喜歡或贊同這件事，所以大家「私底下討厭，表面上支持」，這事反而可能會獲得多數人支持。

熱爐法則（懲處法則）

熱爐法則（Hot stove rule）又稱「懲處法則」，是個重要的管理學理論，指的是一個企業組織必須有清楚的法規與準則，當準則底線被破壞時，必須給予適當的懲罰。就像人如果去碰觸一個燒紅的火爐，一定會受到燙傷的懲罰一樣。

熱爐法則是 1960 年代由美國管理學家道格拉斯·麥格雷戈（Douglas McGregor）所提出，熱爐法則教導一個企業如何有效經營管理員工、維護公司準則、適當懲處不良行為，又不至於會導致員工心生悔恨。

四大懲處原則

1. **【預先警告原則】**：熱爐外觀火紅，不用手去摸，也可知道爐子是熱得足以灼傷人的。為讓員工趨利避害，企業主管就要經常做規章法令宣傳，以警告或勸戒員工不要觸犯準則，並預先說明懲罰的結果。如果平常不宣導和告誡，等到員工違規後，才告知違反規章而懲罰，這樣難以服眾。

2. **【持續維持原則】**：用手觸摸熱爐，毫無疑問地會被高溫灼傷，不管幾次都一樣。若員工明知企業有相關規

定，卻還是多次以身試法，每次都要對其進行適當懲處，以維持紀律。

3.【即時處理原則】：碰到熱爐時，立即就被灼傷。懲處必須在錯誤行為發生後立即進行，絕不拖泥帶水，以便達到讓員工知道錯在哪裡，並能及時改正和樹立威信。

4.【一視同仁原則】：不管誰碰到熱爐，都會被灼傷。管理者應該是懲罰制度最直接的實踐者，對自己倡導的制度更應該身體力行，不管犯法的人是什麼官階或頭銜，如果「刑不上大夫」那反而更糟糕。

此外，企業在制訂懲罰制度時，必須遵守合情合理原則，企業也要鼓勵員工經由正常管道勇於對懲罰制度發聲和建議，這樣才能讓懲罰制度越來越完善，也同時尋找其他替代懲罰的辦法；另一方面，更要大力激勵員工，包括加大獎勵額度和範圍，有了罰也要有獎，形成「獎勵為主，處罰為輔」的激勵型管理方式。只有當員工們理解、認同了企業的懲罰制度後，才會少了因為被罰而產生的反感，多了「我有錯該罰」的坦然和勇氣。

中國三國時代的著名故事「孔明揮淚斬馬謖」也是熱爐法則的一個案例，馬謖不聽軍令恣意妄為，最後導致蜀軍失利，孔明為了維持軍中紀律與士氣，只好忍痛含淚將其處死。

蝴蝶效應

蝴蝶效應（The butterfly effect）是很常聽見的理論，2004 年美國也有由艾希頓·庫奇（Ashton Kutcher）主演的同名好萊塢電影《蝴蝶效應》。蝴蝶效應指的是一件看起來不重要的小事、在未來可能會帶來不可預測的巨大改變。

1963 年，美國麻省理工學院氣象學家愛德華·洛倫茲（Edward Lorenz）為了預報天氣，他用電腦模擬地球大氣的 13 個方程式。為了更細緻地考察結果，他把數據重新整理再跑一次實驗。而當他喝了杯咖啡以後回來再看電腦時竟大吃一驚：本來很小的差異，結果卻偏離了十萬八千里！洛倫茲發現初始條件最微小的差異，都會導致最後結果的無法預測，洛倫茲因此推論天氣長期準確預報是不可能的，只能做近期推測。但這理論當時不被大部分的科學家認同。

1979 年 12 月洛倫茲在華盛頓的美國科學促進會演講中再一次提出：如果有一隻存在於南美洲亞馬遜河流域熱帶雨林中的蝴蝶，搧動了幾下翅膀，在兩週後可能會在美國德克薩斯州產生一個龍捲風。他認為由於蝴蝶翅膀的運動，導致其身邊的空氣系統發生變化，並引起微弱氣流產生，而微弱氣流又會引起連鎖反應，最終導致他處的極大變化。洛倫茲把這種現象

戲稱做蝴蝶效應，之後蝴蝶效應之名便聲名遠播。

蝴蝶效應除了表示自然界的難以預測性之外，延伸為任何小事情之後都可能醞釀引起大事件，給人的啟示是我們應該盡量做到「防微杜漸」，不要忽略小問題，而導致未來的重大危機。相關的案例和故事很多，比方說以下幾個。

西方有一首古老民謠也可以解釋蝴蝶效應：

丟失一個釘子，壞了一個蹄鐵；

壞了一個蹄鐵，折了一匹戰馬；

折了一匹戰馬，傷了一位騎士；

傷了一位騎士，輸了一場戰鬥；

輸了一場戰鬥，亡了一個帝國。

舉個例子，一位女士在公司被主管訓了一頓，心裡很生氣，回家跟老公吵架，老公無故被妻子罵，一氣之下就摔門離家出走。在街上老公遇到一條狗對他狂吠，老公生氣就一腳踹過去，小狗受到攻擊逃跑，狂奔經過一個老人面前，把老人嚇了一跳。正巧這位老人有心臟病，這一嚇心臟病發死亡。

蝴蝶效應除了說明未來可能因為現在的一件小事造成巨變之外，也可以用另外一個角度來看，如果我們有了衛星和諸

多高科技仍無法預期未來的天氣，那何況是複雜的人生呢？因此蝴蝶效應也可以有另外一層寓意，就是不要過度僵化預設自己的未來、設下限制自己的框架或對自己沒有信心，只要現在一個微小的良好改變，未來可能會造成出人意表的豐碩果實。

因為你今天用吸管喝飲料，讓一隻海龜在一個禮拜後死掉了！

唬爛的吧!?

木桶理論

　　木桶理論（Cannikin law）指的是組成木桶的木板如果長短不齊，那麼木桶的盛水量不是取決於最長的那一塊木板，而是取決於最短的那一塊木板。要想多盛水，不是去增加最長的那塊木板的長度，而是要依次補齊木桶上最短的那塊木板。

　　「木桶理論」告訴管理者，在管理過程中要下功夫狠抓薄弱環節，否則，單位的整體工作就會受到影響。人們常說「截長補短」，就是取長去補短，只取長不補短，就很難提高工作的整體效應。

木桶理論

整個木桶的裝水量，取決於最短的板子而非最長的板子，因此如果想裝較多水量，必須補強短板子的部分。

手錶定律（薩蓋定律）

　　手錶定律（Watch law），也稱「薩蓋定律（Segal's law）」，是由英國心理學家薩蓋（Segal）提出，手錶定律指的是戴一支手錶的人知道準確的時間，但是戴兩支手錶的人，如果兩支手錶顯示的時間不同，反而會不確定現在幾點。英文原文是：「A man with a watch knows what time it is. A man with two watches is never sure」"

　　這定律告訴我們，老師和父母對孩子的教育準則應盡量一致，像是行為習慣、道德品質、態度與價值觀等方面教養上要更一致，否則極容易造成價值觀紊亂、無所適從。

　　對於任何一件事情，不能同時設置兩個不同的目標，否則將使人無所適從；一個人也不能同時相信兩種不同的價值觀，否則他的行為將會陷於混亂。

　　但是人生總是會遇到矛盾與衝突的時候，如果出現了兩支手錶，你要做的就是選擇其中較信賴的一支，平常儘量校準它，並以此作為你的時間標準，聽從它的指引行事。

　　而當出現兩個價值觀或是準則時，人們總是會陷入困惑及徬徨的狀況，可以使用「模糊心理」來解釋。

　　所謂「模糊心理」，就是在一個很難決策的情況下，以

潛意識的心理為主要基調，做出符合潛意識心理的選擇。心理學研究表明，模糊心理是人在成長過程中不斷積累的一種心理沉積。也許你並不能說出一條明確的原因，但是透過心理的潛意識，一般情況下可以快速做出最符合個體心理需求的決定。雖然這決定不一定百分之百是正確的。

因此，手錶定律的應用就是，選擇相信的準則，訂立明確的目標，若遇到矛盾與衝突，難以抉擇的時候，理性分析、適當觀察與等待，懂得取捨，該放則放。若有錯誤則重新調整準則、變更方法或路線。

零和遊戲

零和遊戲（Zero-sum game），指的是一個遊戲如果有贏家和輸家，雙方一開始資產為零，贏家所贏的財產都來自於輸家所輸的，那全部玩家的財產「總和」都為「零」，那這遊戲就稱為是「零和遊戲」，其中的「和」是「總和」的意思。

比方說在撲克牌遊戲中，輸家輸了兩千元，這兩千元給贏家，所以輸家是 -2000，贏家是 +2000，兩者總和為零。

「零和遊戲」理論認為遊戲是一個封閉的系統，其中的財富和資源都是有限且具有競爭性的，而不僅於遊戲，如果延伸到社會或國家世界，部分資源的分配也是基於這零和遊戲的理論基礎，在某些狀況下，如果某個人的財富或資源增加，可能代表另外一個人的資源減少或損失。零和遊戲原理之所以廣受關注，主要是因為社會上常見到以「零和遊戲」為基礎的事物。

20 世紀的人在經歷了兩次世界大戰後，經濟快速增長、科技進步、全球化以及日益嚴重的環境污染之後，許多反撲到人類身上，比方說空氣汙染導致肺癌、海洋汙染導致吃下有害微粒等，「零和遊戲」的傳統觀念正逐漸被「雙贏」觀念所取代。人們開始認識到「利己」不一定要建立在「損人」或「破

壞環境」的基礎上，如果通過適當協調、有效合作和互利共生，皆大歡喜的結局是有可能的，這觀念延伸出去，就可以演變成「環保」或「綠能」等永續經營的概念。

但從「零和遊戲」走向「雙贏」，要求各方要有真誠合作的精神和勇氣，在合作中不要耍小聰明，不要總想佔別人的小便宜，要遵守遊戲規則，否則「雙贏」的局面就不可能出現，最終吃虧的還是自己。

250 定律

　　250 定律（Law of 250）是由美國歷史上著名推銷員喬·吉拉德（Joe Girard）提出，指的是每一位顧客身後，大約有250 名親朋好友。如果你贏得了一位顧客的好感，就意味著可能贏得未來 250 位潛在顧客。反之如果你得罪了一名顧客，也就意味著損失 250 名顧客，這概念對現今的服務業及推銷業務員影響很大。

　　從 250 定律我們得到的啟示是，必須認真對待每一個顧客，因為每一個人的身後都有一群數量不小的親友團。善待一個人，未來就可能會獲得廣大迴響，這定律之後衍生為「顧客就是上帝」商業服務概念。

　　喬·吉拉德，1928 年 11 月 1 日出生於美國密西根州底特律市，是美國史上最著名的推銷員，還名列金氏世界紀錄。吉拉德三十五歲以前是位全盤失敗者，他罹患口吃、換過幾十個工作、當過小偷、開過賭場、還背債務，幾乎可說是走投無路。但他在短短幾年藉由銷售汽車，翻轉人生。他從 1963 年至 1978 年總共推銷出 13001 輛雪佛蘭汽車，連續 12 年榮登世界吉斯尼記錄大全世界銷售第一的寶座，被稱為「世界上最偉大的推銷員」。他的汽車銷售世界紀錄至今無人能破。

故事在吉拉德成為汽車銷售員後不久，一位好友的母親過世了，吉拉德思考印製葬禮通知單的成本一定很高，吉拉德向一位開辦殯儀館的朋友問一場葬禮平均有多少位參加者。朋友回他：「大約 250 名。」這答案讓吉拉德靈光乍現，聯想到大多數人的一生中都有 250 名重要的人被邀請參加其葬禮，代表一個人可以至少影響 250 人。

換言之，在每位顧客的背後都大約能影響 250 人，可能是家人、同事、鄰居或朋友。如果一個推銷員在年初的第一個星期裡見到 50 位顧客，其中只要有 2 位顧客對他的態度感到不滿，累積到了年底，就可能連鎖影響上千人不願意和這個推銷員打交道。因此吉拉德得出結論：在任何情況下，都不要得罪任何一位顧客。在喬·吉拉德的推銷生涯中，他每天都將 250 定律牢記在心，抱定生意至上的態度，時刻控制著自己的情緒，不因顧客的刁難，或是不喜歡對方，或是自己心緒不佳等原因而怠慢顧客。吉拉德說得好：「你只要趕走一個顧客，就等於趕走了潛在的 250 個顧客。」

吉拉德有句名言：「推銷活動真正的開始在成交之後，而不是之前。」推銷是一個連續的過程，成交既是本次推銷活動的結束，又是下次推銷活動的開始。推銷員在成交之後繼續關心顧客，將會既贏得老顧客，又能吸引新顧客，使生意越做

越大，客戶越來越多。

　　「成交之後仍要繼續推銷。」這種觀念使得吉拉德把成交看作是推銷的開始。吉拉德在和自己的顧客成交之後，並不是把他們置於腦後，而是繼續關心他們，並恰當地表示出來。吉拉德每月要給他的 1 萬多名顧客寄一張賀卡。一月份祝賀新年，二月份紀念華盛頓誕辰日等，正因為吉拉德沒忘記顧客，顧客也才不會忘記吉拉德。

奧格爾維法則

奧格爾維法則（Ogilvy's Law），指的是如果公司主管都雇用能力比自己更強的人，公司就會越來越強大。反觀如果公司主管所用人的能力都比自己差，那麼公司狀況就會越來越糟。

奧格爾維法則來源於美國奧格爾維‧馬瑟公司，總裁奧格爾維召開了一次董事會，在會議桌上，每個與會的董事面前都擺了一個相同的玩具娃娃。董事們面面相覷，不知何故。奧格爾維說：「大家打開看看吧，那就是你們自己！」於是他們把娃娃打開來看，結果出現的是大娃娃裡有個中娃娃，中娃娃裡有個小娃娃。他們繼續打開，裡面的娃娃一個比一個小。最後最裡面有一張奧格爾維留的紙條上寫的是：「如果你經常雇用比你弱小的人，將來我們就會變成矮人國，變成一家侏儒公司。相反，如果你每次都雇用比你高大的人，日後我們必定成為一家巨人公司。」這些聰明的董事一看就明白了。這件事給每位董事留下很深的印象，在以後的歲月裡，他們都盡力任用厲害的人才。

奧格爾維法則強調的是人才的重要性。一個好的公司固然是因為它有好的產品，有好的硬體設施，有雄厚的財力作為

支撐，但最重要的還是要有優秀的人才。光有財、物，並不能帶來任何新的變化，只有具有大批的優秀人才才是最重要的。

美國的鋼鐵大王卡內基的墓碑上刻著：「一位知道選用比他本人能力更強的人來為他工作的人安息在這裡。」卡內基曾說過：「即使將我的工廠、設備、市場和資金全部奪去，但只要保留我的技術人員和組織人員，四年之後，我將仍然是鋼鐵大王。」卡內基本身是一個對冶金技術一竅不通的門外漢，他的成功完全是因為他卓越的識人和用人才能，比如他就高薪聘請世界知名的煉鋼工程專家比利·瓊斯（Billy Jones），讓卡內基鋼鐵公司發光發熱。

香港首富李嘉誠統領長江實業集團，人員的變動是所有香港大公司中最小的，高層管理人員流失率更是低於 1%。為什麼會這樣呢？李嘉誠自我揭祕：「第一給他好的待遇，第二給他好的前途。」

美國華爾街的大富豪約翰·皮爾龐特·摩根（John Pierpont Morgan）也是一位敢用強過自己的人作為左右手的典範。比摩根小 10 歲的薩繆爾·斯賓塞精明能幹。大學畢業後工作於巴爾的摩 - 俄亥俄鐵路。後來這條鐵路因故瀕臨破產，斯賓塞受命負責，最後使這條鐵路財務起死回生。

很快，作為公司財產主要接管人的摩根就發現了斯賓塞

在經營與管理方面的過人之處。摩根提拔他升官，而斯賓塞也沒有辜負摩根的一番美意，順利償還了約 800 萬美元的債務，更加博得摩根的青睞，最終成為了摩根的得意左右手之一。

　　中國歷史「楚漢相爭」中，不擅長打仗的劉邦能得到天下，是因為他善用張良的謀略，蕭何的內助，韓信的善戰。三國時代，賣草鞋的劉備能夠三國鼎立，是因為三顧茅廬請得諸葛亮出山相助。對一個企業主管來說，只要能知人善任，企業就不愁發展壯大。

曼德拉效應

　　你是否有曾經清楚記得一件事情，而周遭有朋友也清楚記得，但最後事實證明你們兩人都記錯的經驗？

　　曼德拉效應（Mandela effect），是指許多人的共同記憶一致，但都與事實有所出入，換而言之，就是擁有錯誤的共同記憶，原因迄今仍無法斷定。曼德拉效應目前尚未經過嚴謹的科學證實，僅是一個被廣泛提及討論的現象理論。

　　最早提出這個現象是 2010 年一位研究超自然現象的美國部落格主菲歐娜·布洛姆（Fiona Broome），她發現自己跟很多人記得南非總統納爾遜·曼德拉（Nelson Mandela）早在 1980 年代已經在監獄中死亡，但現實是曼德拉 1990 年 2 月 11 日出獄，2010 年時仍然在世，直到 2013 年才死亡。

　　菲歐娜認為有那麼多人會記得跟事實不符的記憶，並非那些人記錯，因為要同時要那麼多人記錯同樣的情境可能性極低，菲歐娜表示這些人其實是記得一個「不同的」過去，至於為何他們會記得這些「不同歷史」？菲歐娜認為這可能跟平行宇宙、時空交錯、或是有外力修改時間歷史等可能。不過現在科學方法還沒有辦法證明此理論。菲歐娜於 2010 年創辦以「曼德拉效應」為名的網站。（http://mandelaeffect.

com/）

　然而也有人持不同意見，本書第 200 頁的「證人的記憶」章節中，專門研究虛偽記憶的美國心理學家伊莉莎白·赫洛克（Elizabeth Hurlock）認為人類的記憶非常容易出錯，而且可以事後被修改，因為記憶並非靜態地存放在大腦之內，而是每次需要召喚記憶時重新構造。伊莉莎白做過多次實驗，證明透過誘導或暗示，可以植入或是竄改一個人的記憶。然而要如何讓分散各地的人都有一致的錯誤記憶，這點仍無法解釋。

　專門研究假記憶的英國心理學家茱莉亞·蕭爾（Julia Shaw）也認為人的記憶常常受到各種因素影響，她反對軍方往往在衝突事故後，會聚集所有人起來聽集合報告，她指出這會令所有參與者分享記憶，並把所有記憶合而為一，失去各自的真實細節，比較好的做法，應該是每人各自獨立記錄，再去整合對比比較接近真實。

登門檻效應

　　登 門 檻 效 應（ Foot In The Door Effect 或 Skips threshold effect）又被稱為「得寸進尺效應」。它是生活中常被用來推銷產品或理念的社會心理學。有的商業推銷課程會稱呼這種技巧叫做 FITD（ Foot In The Door）。人常常面臨各種不同選擇，通常簡單的選擇較易讓人接受，當人們先接受一個小的要求後，為保持自己的形象一致性，之後他更容易接受更大或更不合意的要求，這種心理現象叫作登門檻效應。

　　1966 年，美國心理學家喬納森·弗里德曼（ Jonathan Freedman）和史考特·傅雷澤（ Scott Fraser）在加州做了一項實驗。他們先打電話詢問屋主可否讓他們在住家窗戶或車上放一張大約七公分的貼紙，上面寫著「當一位安全駕駛（ Be a safe driver）」，以宣導安全駕駛，這個微不足道的請求，幾乎每位屋主都答應了。

　　兩週後，他們再請學生登門拜訪同一批屋主，進一步詢問是否能在門前的草坪上樹立字樣很醜、且巨大到足以擋住房屋視野的告示牌，上面寫著「小心駕駛（ Drive Carefully）」。結果顯示，有超過 55% 的屋主答應了這項不合常理的請求。反觀之前沒有先收到小請求（放貼紙）的對照組，僅有不到

20% 的屋主同意豎立那塊龐大的告示牌。

為什麼會有這樣的差別呢？查爾斯·奧斯古德（Charles Osgood）和坦南鮑姆（Tennenboum）提出的「一致性理論」（Consistency theory）能給予合理解釋：人的內心深處希望自己的言行舉止、態度與信念都是貫徹始終。

由於已經接受了小的請求，若是拒絕後面的請求，就會出現認知失調，害怕別人覺得自己善變，所以為了達到心理上的一致與和諧，人會調整自己的態度，答應更大或不相關的請求。可怕的是，人往往不會意識到自己有這樣的行為。

推銷員不直接向顧客推銷商品，而先提出一個容易接受的小要求，再進一步達成推銷的目的。如先向你要杯水喝，或提供免費試用品及講解，只要推銷員踏進屋內，就成功一半了，即使一開始只想看他表演，也會不知不覺答應購買。

在百貨公司看到 3000 元的牛仔褲，因太貴沒買，隔幾天，又在另一家看到，而且打八五折（2550 元），你很高興請店員包起來，但店員說：謝謝，3000 元。原來你看錯了，是旁邊的打八五折，你會想說：算了，就買吧！先答應花 2550 元買下，但後來也接受 3000 元。路上要人填問卷都先請你幫忙填問卷（小忙），再來就要你買東西（大忙）。

心理學家查爾迪尼在替慈善機構募捐時，僅僅是附加了

一句話「哪怕捐一分錢也好」，就多募捐到一倍的錢，這就是登門檻效應的效果，這一效應的基本內容就是由低要求開始，逐漸提出更高的要求。

查爾迪尼分析認為，對人們提出一個很簡單的要求時，人們很難拒絕，否則怕別人認為自己不通人情。當人們接受了簡單的要求後，再提出較高的要求，人們為了保持認知留給外界前後一致的印象，心理上就傾向於接受較高的要求。

研究者認為，人們拒絕難以做到的或違反個人意願的請求是很自然的，但一個人若是對於某種小請求找不到拒絕的理由時，會容易同意這種要求；而當他捲入了這項活動的一小部分以後，便會以行動來符合所活動的要求。

這時如果他拒絕後來更大的要求，就會出現認知不協調而產生心理壓力，而為了減少心理壓力，會讓他傾向答應更多要求。運用這個方法來使別人接受自己要求的技術，就是「登門檻技術」。

日本色情 AV（Adult video）女優影片產業，也不少利用登門檻效應來騙女生下海拍片。日本前知名主播松本圭世就在 2016 年日本 5 月公聽會上，講述自己被「AV 敲詐」受騙演出的血淚故事，控訴廠商在當事人不清楚實際內容的狀況下，以模糊不明的合約來敲詐對方進行色情影片的演出。一開始用

看起來還算合理的要求和名目欺騙女性，之後用威脅利誘等手段迫使對方演出。松本圭世自述自己就是被以「拍攝談話節目」的名目所欺騙，實際拍攝現場卻在對方多名男子的包圍與壓力說服下，拍了一段舔冰棒的色情暗示影片。

AV 女優「香西咲」接受《法新社》的訪問，也揭露 AV 業界不僅會要求女優陪睡，一開始也會用「寫真模特兒拍攝」名目欺騙女性，等到了拍攝現場後，會開始有越來越多不合理的要求，到最後變成拍色情片的慘痛案例。

上述心理效應告訴我們，要讓他人接受一個很大的、甚至是很難的要求時，最好先讓他接受一個小要求，一旦他接受了這個小要求，他就比較容易接受更高的要求。如果在日常生活中學會運用這樣的技巧來與人們進行溝通，就可能更易於得到對方的配合與支持。

雷亞借我【兩元】好嗎？

好啊，兩元是小錢，我找一下錢包喔。

【補充】：漫畫家「兩元」老師是本書四格漫畫的繪者，《醫院也瘋狂》系列漫畫的創作者之一。

狄德羅效應（配套效應）

狄德羅效應（Diderot effect）也被稱為「配套效應」或「鳥籠效應（Birdcage effect）」，指的是人們在擁有了一件物品後，會購買與其相配套的物品以達到心理平衡的現象。

18 世紀，法國有位哲學家叫鄧尼斯‧狄德羅（Denis Diderot），有一天他朋友送他一件質地精良、手工考究的酒紅色睡袍，狄德羅非常喜歡。可是他穿著華貴的睡袍在家裡尋找感覺，總覺得家具風格不對。為了讓家裡環境與睡袍匹配，狄德羅陸續將家中舊的東西持續更換為高級品，最後整個家中環境品質提升到跟睡袍一樣。

1907 年，心理學家詹姆斯從哈佛大學退休。同時退休的還有他的好友—物理學家卡爾森。有一天兩人打賭。詹姆斯說：「老朋友，我會讓你不久就養一隻鳥。」卡爾森笑著搖頭：「我不信！因為我從來就沒想過養一隻鳥。」沒過幾天，恰逢卡爾森生日，詹姆斯送上一個精緻的鳥籠。卡爾森笑納了：我只當它是一件漂亮的工藝品。從此以後，只要客人到訪，看見書桌旁那只空蕩蕩的鳥籠，他們幾乎無一例外地問：「教授，你養的鳥什麼時候死了？」卡爾森只好一次次向客人解釋：「我從來就沒有養過鳥。」然而，這種回答每每換來的卻是客

人困惑甚至有些不信任的目光。最後，出於無奈，卡爾森教授只好買了一隻鳥，詹姆斯的鳥籠效應奏效了。

最後你不得不在兩個選擇中二選一，因為這比無休止的解釋要容易得多。鳥籠邏輯的原因很簡單：人們絕大部分的時候是採取慣性思維。所以可見在生活和工作中培養邏輯思維是多麼重要。人最難擺脫的是無謂的煩惱。許多人不正是先在自己的心裡掛上一個籠子，然後再不由自主地朝其中填滿一些東西嗎？

1992 年美國哈佛大學經濟學家茱麗葉·施羅爾（Juliet Schor）在《過度消費的美國人（The Overspent American）》一書中，把這種現象稱作為「狄德羅效應」，也就是人們在擁有了一件新的物品後，會不斷尋找與其相配套的物品以達到心靈上的平衡。

有些人也認為，狄德羅效應是當今物質生活掛帥的幕後慾望之一。當你有錢買了一樣昂貴高檔物品，你就會想到配合其品質，慢慢提高生活的物質程度。比方說如果有人送你一支名錶，你可能就會想找能與其匹配的西裝。或是如果買了昂貴華麗的項鍊之後，你會買高級的戒指或耳環與其匹配。

狄德羅效應在生活中可謂屢見不鮮。在服飾消費中，人們會重視帽子、圍巾、上衣、褲子、襪子、鞋子、首飾、手錶

等物品之間在色彩及款式上的搭配。在裝修時，我們會注重家具、燈具、廚具、地板、電器、藝術品和整體風格之間的和諧。

狄德羅效應的核心並不在於特定的物品樣式，而在於它所象徵的一種格調或生活方式，後面的一切都是為了與這種格調或生活方式的契合。所以，廠家和商店往往會用狄德羅效應來推銷自己的商品。他們會告訴你這些商品是如何與你的氣質相配，如何符合你的身分等。比方說，勞力士手錶和寶馬汽車都是炫富和炫耀地位的奢侈品，所以如果你擁有了一支勞力士手錶，那麼你之後可能就會考慮買寶馬汽車代步，這樣才不會失掉自己的面子。

棘輪效應（制輪效應）

棘輪效應（Ratchet effect）也稱「制輪效應」與狄德羅效應有點異曲同工之妙。

棘輪（Ratchet）是一種機械設備，它能夠防止機械逆向轉動，也就是棘輪會讓齒輪單方向轉動，具有方向的不可逆性。棘輪效應認為人的消費習慣容易向上增加，卻難於向下減少，也具有單方向的不可逆性，舉例來說，當人的薪水調高時，消費習慣可能會調高，但當收入降低時，通常不會減低自己的消費水平。

這一效應是美國經濟學家杜森貝里（Duesenberry）提出的。古典經濟學家凱恩斯（Keynesian）主張消費是可逆的，即絕對收入水準變動必然立即引起消費水準的變化。針對這一觀點，杜森貝認為這是不可能的，因為消費決策不可能是一種理想的計畫，它還取決於消費習慣。這種消費習慣受許多因素影響，如生理和社會需要、個人的經歷、個人經歷的結果等。特別是個人在收入最高期所達到的消費標準對習慣的形成有很重要的作用。

棘輪效應可以用宋代司馬光寫給兒子司馬康的一封家書《訓儉示康》中一段著名的話來形容：「由儉入奢易，由奢返

儉難。」司馬光不喜奢侈浪費，倡導儉樸為美，他寫此家書的目的在於告誡兒子不可沾染紈褲之氣，保持儉樸清廉的家庭傳統。

中國商朝紂王登位之初，天下人都認為在這位精明的國君治理下，商朝的江山一定會堅如磐石。有一天，紂王命人用象牙做了一雙筷子，他的叔父箕子見了，勸他收藏起來，而紂王卻滿不在乎，滿朝文武大臣也不以為然，認為這本來是一件很平常的小事。箕子為此憂心忡忡，有的大臣莫名其妙地問他原因，箕子回答說：「紂王用象牙做筷子，必定再不會用土製的瓦罐盛湯裝飯，肯定要改用犀牛角做成的杯子和美玉製成的飯碗；有了象牙筷、犀牛角杯和美玉碗，難道還會用它來吃粗茶淡飯和豆子煮的湯嗎？大王的餐桌從此頓頓都要擺上美酒佳餚了；吃的是美酒佳餚，穿的自然要綾羅綢緞，住的就要求富麗堂皇，還要大興土木築起樓台亭閣以便取樂了。對這樣的後果我覺得不寒而慄。」僅僅 5 年時間，箕子的預言果然應驗了，紂王生活越來越驕奢，最後斷送了商湯創下的 500 年商朝歷史。在這故事中，箕子對紂王使用象牙筷子的評價，正是符合棘輪效應。

棘輪效應是出於人的一種本性，人有七情六慾，「饑而欲食，寒而欲暖」，這是人與生俱來的慾望。人有了慾望就會

千方百計地尋求滿足。

　　從個人的角度來說，我們對於慾望既不能禁止，也不能放縱，對於過度貪得無厭的奢求必須加以節制。西方一些成功的企業家雖然家境富裕，但依然對子女要求極嚴，從不給孩子過多零用錢，寒暑假甚至還讓孩子四處打工。這些成功企業家並不是苛求子女能為自己多賺一點錢，而是希望子女懂得每一分錢賺之不易，懂得儉樸和自立。

　　微軟公司的創辦人比爾‧蓋茲（Bill Gates）曾榮登世界首富，但是他在巴黎接受當地媒體採訪時說，將要把自己的巨額遺產返還給社會，用於慈善事業，而只留給三個子女繼承些許財產。比爾‧蓋茲的慈善事業始於 1993 年秋天。當時，他和後來成為他妻子的梅琳達等人到非洲旅遊，見到當地人民貧困，比爾‧蓋茲建立了 9400 萬美元的基金會。2000 年 1 月，比爾‧蓋茲將原先的兩個基金會合併，組成了「比爾與梅琳達基金會」，成為世界上最大的慈善基金會，總額高達 240 億美元，把這些錢拿來捐贈給全球各地的醫療和教育計畫。

　　比爾‧蓋茲的慈善事業除了希望避免子女未來出現棘倫效應之外，一方面也協助世界上需要幫助的人。

斯德哥爾摩症候群
（人質症候群）

斯德哥爾摩症候群（Stockholm syndrome）也被稱為「人質症候群」。1974 年在瑞典首都斯德哥爾摩發生一件銀行搶劫案件，歹徒歐陸森（Olsson）與歐佛森（Olofsson）綁架了 4 位銀行職員，警方與歹徒僵持了約 130 個小時之後，因歹徒投降而結束，然而所有的被害者在事後都表明並不痛恨歹徒，表示歹徒非但沒有傷害他們還對他們相當照顧，反而對警方採取敵對的態度。事後被綁架的人質中有一名女職員克麗斯汀（Christian）甚至還愛上歐陸森並與他訂婚。

這件事激發了社會科學家想要了解在擄人者與遭挾持者之間的這份感情結合，到底是發生在這起斯德哥爾摩銀行搶案的一宗特例，還是這種情感結合代表了一種普遍的心理反應，稱為「斯德哥爾摩症候群」。

另一個典故：二次大戰期間，納粹占領斯德哥爾摩，以極其粗暴、強硬的紀律，壓制、迫害一向自認為是「高貴白人」的北歐人民，這些高傲的北歐人，在遭受壓制的過程中，竟然有些人反過來對納粹的強硬、鐵的紀律產生好感，心甘情願和他們合作，打自己同胞的小報告，後世稱這種陰暗的心靈

叫「斯德哥爾摩症」。

斯德哥爾摩症聲名大噪是在美國某大報社的獨生女派翠西亞，在遭恐怖份子挾持之後，竟然對挾持者發生親近之情，甚至加入組織，和這批恐怖份子一起犯罪。

研究還發現到這種症候群的例子見諸於各種不同的經驗中，包括囚犯、娼妓、受虐婦女與亂倫受害者等，任何受害者都有可能遭受到斯德哥爾摩症候群影響。出現斯德哥爾摩症候群的人質通常有幾點特徵：

1. 受害者必須真正感受到綁匪威脅到自己的存活。

2. 在遭挾持的過程中，受害者必須看到綁匪施予一些恩惠的舉動。

3. 除了綁匪的看法之外，受害者必須與所有其他人的觀點隔離。

4. 受害者必須相信逃離是不可能的事。

專家認為，斯德哥爾摩症候群的這種心理轉變，可發生在三到四天時間，但必須強調的是，身歷這種症候群的人並不是瘋了，而是他們正在為保住生命而戰。這種症候群代表受俘者藉由討好綁匪、不去激怒挑釁綁匪，以確保自己生存的策略。

然而當受俘者這樣做的時候，也漸漸失去自我意識，直

到完全接受擄人者的觀點。假如受俘者現在用擄人者的眼光來看世界，他們就不再渴望自由，結果當救援到來時，受害人可能會抗拒營救。斯德哥爾摩症候群是受害者對生存的掙扎。

旁觀者效應

　　旁觀者效應（Bystander effect）指的是對某一件事來說，如果是個體被要求單獨完成任務，責任感就會很強，會有積極的反應。但如果是一個群體共同完成任務，每位個體的責任感就會很弱，面對困難或遇到責任往往會退縮，期望別人多承擔點責任。責任分散的結果往往會變成大家推來推去、責任不落實。

　　1964 年 3 月 13 日深夜，在美國紐約昆士鎮的克尤公園發生了一起謀殺案，很快成為《紐約時報》的頭版新聞，並使全美國震驚，這就是惡名昭彰的「吉娣·格羅維斯謀殺案（Murder of Kitty Genovese）」。這件謀殺案受注意的原因與兇手、被害者或其謀殺手段都沒有什麼關係。

　　吉娣·格羅維斯（Kitty Genovese）是一位年輕的酒吧經理，她於凌晨 3 點回家途中被溫斯頓·莫斯雷（Winston Moseley）襲擊。莫斯雷是個交易處理機操作員，根本不認識她，他以前還殺死過另外兩名婦女。聽到吉娣的呼救喊叫聲，附近住戶亮起了燈，七樓的住戶甚至還打開窗戶，對著下面的兇手大喊：「放開那位女孩！」

　　之後兇手嚇跑了。當一切恢復平靜後，兇手又返回作案。

當她又喊叫時，附近的住戶又打開了電燈，兇手又逃跑了。當吉娣認為已經無事，回到自己家的大樓時，兇手又一次出現在吉娣面前，將她殺死在樓梯上。在這個過程中，儘管吉娣大聲呼救，她的鄰居中至少有 38 位到窗前觀看，但無一人來救她。這件事引起紐約社會的轟動，也引起了社會心理學者的重視和思考。這種眾多的旁觀者見死不救的現象也是責任分散效應的表現。

新聞評論人和其他學者都認為這 38 個目擊者無動於衷的言行是現代城市人，特別是紐約人冷漠的證據。可是生活在這個城市的兩位社會心理學家約翰達利（John M. Darley）和比博拉塔內（B. Latané ）對這種說法相當不滿。他們都覺得目擊者們沒有出手協助，一定有個更好的解釋。

為了驗證自己的看法，他們做了一個研究。在研究中，紐約大學心理學入門課的 72 名學生參與了一項未說明的實驗，討論以 2 人組、3 人組或者 6 人組的形式進行。他們各自分配在隔開的工作間裡，並通過對講機通話，輪流按安排好的順序講話。這些不知情的參與者不管是在與其他一個人或者兩個人或者五個人談話，是因為事實上他聽到的別人說的任何事情都是答錄機上播出來的，第一個說話的聲音總是一位男學生，他說出了適應紐約生活和學習的難處，並承認說，在壓力的打擊

下，他經常出現半癲癇的發作狀態。到第二輪該他講話時，他開始變聲，而且說話前後不連貫，他結結巴巴，呼吸急促，講話內容包括「老毛病又快要犯了」、憋氣一段時間、上氣不接下氣地呼救說「我快死了！...呃...救救我！」然後在大喘一陣後不發出任何聲音了，讓參與者感覺該名患者正處於生死交關危急之刻。

在以為只有自己和癲癇病患者的參與者（2 人組），一分鐘內有 85% 人衝出實驗室幫忙求救。在 6 人組中，一分鐘內只有 31% 的人前往呼救。後來當問學生們，別人在場是否會影響到他們的反應時，他們都說沒有，也就是說學生們並沒有意識到旁觀者效應對他們的巨大影響。

這種現象可以解釋人們不是冷酷無情或道德淪喪，而是因為在不同場合會有不同情境反應。當一個人遇到緊急情境時，如果只有他一個人能提供幫助，他會清醒地意識到自己的責任而盡可能對受難者給予幫助。反過來說，如果他見死不救，之後很有可能會產生罪惡感和內疚感。但如果有許多人在場的話，幫助求助者的責任就由大家來分擔，每個人分擔的責任很少，旁觀者甚至可能連他自己的那一份責任也意識不到，進而產生一種「我不去救，有別人會去救」的心理。如何打破這種局面，這是心理學家正在研究的一個重要課題。

目前在醫學的急救教育訓練之中，其中有一個步驟就是為了減少旁觀者效應的負面影響。有經驗的施救者會在事故現場分配現場急救工作，通常會特別指定一位民眾打電話 119 求救、一位負責拿 AED（Automated External Defibrillator，自動體外心臟電擊去顫器），可能的話還會指定幾位民眾負責維護現場交通、放立警戒告示牌或者通知傷者家屬等 ..... 這種刻意指定某位民眾去做某件事情的方式，其實就是要增加當下的責任感，避免大家抱持著「有人會去做，我用手機拍照錄影就好」的心態出現。

【旁觀者效應實驗結果】

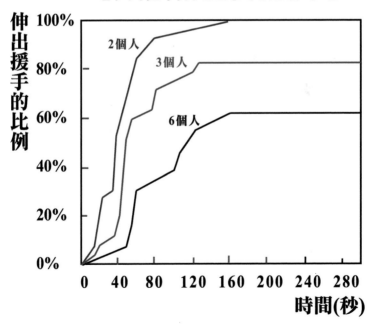

Bystander intervention in emergencies: Diffusion of responsibility.
《*Journal of Personality and Social Psychology*》(1968)

詹森效應

　　詹森效應（Jansen effect）指的是一名運動員叫丹‧詹森（Dan Jansen），他平時訓練有素、實力堅強，但在體育賽場上卻時常會失常而輸掉比賽。那些平時表現良好但缺乏良好心理素質而導致失敗的現象，後來被稱為詹森效應。

　　在生活中，有些平常名列前茅的學生，在真正的大考中卻屢屢失利。同樣的，有些實力相當強的運動員在國內賽事都表現良好，在國際賽事上卻常常異常，這些原因可能與得失心過重和自信心不足有關。有些人平時表現良好，造成一種心理定勢：「只能成功不能失敗」，再加上社會、國家和家庭的期望，得失心過重，束縛了自己的潛能發揮。

　　如何避免詹森效應的負面影響呢？首先要認清比賽的目的和規則，克服恐懼感，賽場並不可怕，只是比平常正規一些而已。其次，要平心靜氣地走出患得患失的陰影，不貪求成功，只求正常地發揮自己的水準。賽場是高層次水準的較量，同時也往往是心理素質的較量，不要怕失敗，持之以恆，一份耕耘一份收穫，就可以減少詹森效應的不良影響。

　　不少學生也有類似現象。平時學習基礎扎實，考前準備充分，然而一到大考，卻表現失常、緊張慌亂或記憶空白。若能

相信自己實力，就能在考場上沉著冷靜，發揮出正常水準。其次是淡化考試結果，注重具體過程。不去多考慮考試的結果，減少考試過程中的干擾因素，而是把主要精力集中於具體的解題上，這樣不僅能提高答題的準確率，而且能使心理保持平靜與放鬆。第三要注意多用肯定的詞語來喚起積極情緒，特別是遇到困難時，要用「冷靜！細心！沉住氣！」等詞語暗示自己，進行深呼吸，而少用否定性詞語，如「別緊張！別慌！千萬別出錯！」等用語。

賭徒謬誤（蒙地卡羅謬誤）

賭徒謬誤（Gambler's fallacy）亦稱為「蒙地卡羅謬誤（The Monte Carlo fallacy）」，賭徒謬誤是生活中常見的邏輯謬誤，指的是我們常會認為隨機事件發生的機率與之前發生的事件有關，錯誤的詮釋了「大數法則」及「平均數」的概念。

簡單說，我們常會相信由於最近已發生了某件事情，同樣事情未來再發生的機率會比較低。這是一種錯誤信念。如重複拋一個正常的硬幣，如果出現多次的反面，賭徒就可能錯誤認為下一次拋出是正面的機會比較大。

投資者傾向於認為大數法則適用於大樣本的同時，也適用於小樣本。1982 年左右，美國行為學家阿莫斯·特沃斯基（Amos Tversky）和心理學家丹尼爾·卡尼曼（Daniel Kahneman）把「賭徒謬誤」戲稱為「小數法則（Law of small numbers）」。

在統計學和經濟學中，最重要的一條規律是「大數定律」，即隨機變數在大量重複實驗中呈現出幾乎必然的規律，樣本越大、則對樣本期望值的偏離就越小。例如，拋擲硬幣出現正面的概率或期望值是 0.5，但如果僅拋擲一次，則出現正面的概率是 0 或 1（遠遠偏離 0.5）。隨著拋擲次數的增加（即

樣本的增大），那麼硬幣出現正面的概率就逐漸接近 0.5。但根據認知心理學的「小數定律」，人們通常會忽視樣本大小的影響，認為小樣本和大樣本具有同樣的期望值。

所有輪盤賭博中最受歡迎的系統是「戴倫伯特系統」，它正是以賭徒不了解各獨立事件間彼此獨立性的弱點，利用「賭徒謬誤」的理論來運作的。參與者賭紅色或黑色（或其他任何一個對等賭金的賭），每賭失敗一次就加大賭數，每賭贏一次就減少賭數。

1999 年，美國加州聖塔克拉拉大學（Santa Clara University）經濟行為學教授赫爾希·謝弗林（Hersh Shefrin 指出，在擲硬幣的實驗中，連續出現正面或反面時，人們基本上會預測下次結果是相反的。如果是在股票市場中，投資者就會在股價連續上漲或下跌一段時間後預期它會反轉。這表明當股價連續上漲或下跌的序列超過某一點時，投資者就會出現反轉的預期。因此投資者傾向於在股價連續上漲超過某一臨界點時賣出。赫爾希謝弗林教授探討了在整個市場的行情上揚時，人氣上升，而市場行情不好時，人氣下降的情況。

在《超越恐懼和貪婪》一書中，赫爾希·謝弗林教授認為策略分析師傾向於賭徒謬誤，這是一種人們不恰當地預測逆轉時發生的現象。在高於平均值的市場表現之後，向均值回歸的

預測意味著什麼？

賭徒謬誤可由重複拋硬幣來表示。拋硬幣正面朝上的機會是 0.5（二分之一），連續兩次拋出正面的機會是 0.5×0.5=0.25（四分之一）。連續三次拋出正面的機率等於 0.5×0.5×0.5= 0.125（八分之一）。

現在假設，我們已經連續四次拋出正面。犯賭徒謬誤的人說：「如果下一次再拋出正面，就是連續五次。連拋五次正面的機率是（1/2）^{5} = 1/32。所以，下一次拋出正面的機會只有 1/32。」

以上論證步驟犯了謬誤。假如硬幣在定義上拋出反面的機率是 0.5，不會增加或減少，拋出正面的機率同樣永遠等於 0.5。連續拋出五次正面的機率等於 1/32（0.03125），但這是指未拋出第一次之前。拋出四次正面之後，由於結果已知，不在計算之內。無論硬幣拋出過多次和結果如何，下一次拋出正面和反面的機率仍然相等。實際上，計算出 1/32 機率是基於第一次拋出正反面機會均等的假設。因為之前拋出了多次正面，而論證今次拋出反面機會較大，屬於謬誤。這種邏輯只在硬幣第一次拋出之前有效。

在賭博中著名的馬丁格爾系統（Martingale system）也是賭徒謬誤的例子。馬丁格爾系統運作方法是賭徒第一次下注

1元，如輸了則再下注2元，再輸則下注4元，以此類推......直到贏為止。這方法以數學來看理論上是可行的，因為只要贏一次就可以賺回來，但事實上玩家常會賭到一半發現自己的資本已經全盤輸光，因為馬丁格爾系統僅適用於有接近無限資本的賭徒才能成功。

蒙地卡羅事件

　　摩納哥大公國（法語：Principauté de Monaco）是全世界第二小的國家（世界上最小的國家是梵蒂岡），它的總面積僅有 2.02 平方公里，但人口數卻多達近 38000 人，等於每平方公里必須容納 19000 人，人口密度高居世界之冠。

　　摩納哥的蒙地卡羅賭場（The Casino de Monte-Carlo）是現今世界上著名的奢華賭場之一，也是摩納哥的地標，它在 1913 年 8 月 18 日造就了百年傳奇「蒙地卡羅事件」，也是歷史上最有名的賭徒謬誤事件。

　　當時蒙地卡羅賭場內高朋滿座，突然傳來一陣陣的驚呼聲，賓客們紛紛引頸探望。只見主持輪盤的員工臉色發白，結結巴巴的說：「我發誓，我真的沒有動手腳，真的！」

　　「怎麼了？！」賭場主管衝過來問。

　　一位客人大喊：「這個輪盤有鬼！它已經連續搖出了十三個黑！」

　　賭局輪盤上有數字，分別畫在黑紅間隔的格子上，賭客可以按號碼組合或顏色下注。當輪盤開始旋轉後，一個小白球則以反方向沿著外圍滾動，逐漸落入某個格子，根據那個格子的

數字和顏色來決定誰是贏家。

一般來說，搖出紅或黑的機率是將近 50%。但是，當晚這個賭桌的輪盤連續搖出了十三個黑，極為罕見。

賭場主管說：「各位眼見為憑，這種機器是無法作弊的，況且每次落入的數字都不同，只是顏色一樣，遲早會落在紅色的！」

「那我要壓紅色！」一位賭客拿著籌碼衝上來說：「不可能一直都是黑的啊！」

「是啊，是啊！」一群人聽了，也都紛紛加入。

但再搖一次，結果還是黑的。這時，消息已經傳遍了整個賭場。客人們紛紛跑來，揮著手中的籌碼，每個人都是壓紅色。

他們大概是心想：「連續出現那麼多次黑色已經違背常理，下次一定會是紅的！」

最後，紅色終於出現了......在連續出現二十六次黑色之後。連續出現二十六次黑色幾乎是不可能的事，機率是1/67108864，但當晚真的發生了。有些賭客一直壓在紅色，把老本統統賠光，有人甚至還昏了過去。這場事件最大的贏家則是賭場莊家，一口氣入帳了數百萬法郎。

熱手效應

熱手效應（The hot hand fallacy）與賭徒謬誤剛好是相對應的鏡子理論。熱手效應是一種機率謬誤，主張由於某件事發生了很多次，因此下次很可能再次發生。舉個常見的例子，如果籃球隊員投籃連續命中，球迷一般都相信球員「手感好」，下次投籃還會得分。賭徒謬誤則是會認為事件機率如果超過了平均數，則下次傾向於不發生。

兩者看似剛好相反，但是事實上有些微妙差異。通常產生賭徒謬誤的人，心中都有一個平均數或是定數的存在，而他認知中的自然現象應該都偏向這個數字，比方說硬幣正反面機率是 1/2，三顆球裡面有一顆紅球兩顆白球，抓到紅球機會是 1/3。而熱手效應的發生，變數因子往往不容易預測，比方說籃球選手如果前面一直得分，象徵他球技好，人們心中就會反向推測，這位選手的體力、技術或速度等都很不錯，因此後面應該也會有更佳表現，這就是熱手效應。但如果一位民眾知道這位選手的比賽勝率是 66%，如果認為他前面都已連贏十場，這場應該會輸，那這就是賭徒謬誤。熱手效應與賭徒謬誤都來自人們心理學上的認知偏差，都認為一系列事件在某種程度上都受到了之前發生事件的影響。

如果是以客觀上來說，我們僅能預設這位氣勢如虹的選手該場勝率應該還是 66%，但由於這場前面得分多，可以預估它勝率應該會高於平均數的機會大。

運動選手還有勝率可以參考，如果今天是一位政治人物或是藝人氣勢如虹，接連升官或是接連拿下許多大獎和銷售冠軍，那這時候產生熱手效應的機會就遠比賭徒謬誤高出許多。

延遲享樂

　　「延遲享樂（Delayed gratification）」實驗是發展心理學中的一個重要實驗。實驗者發給接受測試的 4 歲兒童每人一顆好吃軟糖，同時告訴孩子們：如果馬上吃，只能吃一顆；如果等 20 分鐘後再吃，就可以吃兩顆糖。有的孩子急不可待，馬上把糖吃掉了；而另一些孩子則耐住性子、閉上眼睛或頭枕雙臂做睡覺狀，也有的孩子用自言自語或唱歌來轉移注意消磨時光以克制自己的慾望，進而獲得了更豐厚的報酬。

　　研究人員進行了追蹤觀察，發現那些以堅韌的毅力獲得兩顆軟糖的孩子，成長到上中學時表現出較強的適應性、自信心和獨立自主精神；而那些經不住軟糖誘惑的孩子則往往屈服於壓力而逃避挑戰。在後來幾十年的跟蹤觀察中，也證明那些有耐心等待吃兩塊糖果的孩子，事業上更容易獲得成功。

　　實驗證明：自我控制能力是個體在沒有外界監督的情況下，適當地控制、調節自己的行為，抑制衝動，抵制誘惑，延遲滿足，堅持不懈地保證目標實現的一種綜合能力。

心理鐘擺效應

鐘擺效應（Pendulum effect）這名詞很普編，物理學和政治學有各自的鐘擺效應理論。心理學上的鐘擺效應指的是當在特定背景的感情強度越高，過一段時間後很容易向相反的情緒狀態擺盪轉化。比方說如果此刻你感到興奮無比，幾天後興奮褪去，取而代之的可能是極度枯燥無聊和索然無味。

要克服這種心理鐘擺效應，可以有幾種方法：

1. 要消除一些思想上的偏差。人生不能總是高潮，生活也不可能永遠快樂。人生有聚也有散，生活有樂也有苦。有些人由於希望永遠生活在激情、浪漫、刺激等理想的境界之中，因而對缺乏上述因素的平凡生活狀態總是心存排斥之意，他們的心境自然也就會因生活場景的變化而大起大落。

2. 人們應該學會體驗各種生活狀態的不同樂趣。既能在激盪人心的活動中體驗著激情的熱烈奔放，又能在平淡如水的日常生活中享受悠然自得的生活情趣。唯有如此，自己才能在生活場景中發生較大轉換時，避免心理上產生巨大的失落感和消極的情緒。

3. 要加強理智對情緒的調控作用。人在讓自己快樂興奮

的生活時空中，應該保持適度的冷靜和清醒。而當自己轉入情緒的低谷時，要盡量避免不停地對比和回顧自己情緒高潮時的「激動畫面」，隔絕有關刺激源，把注意力轉入到一些能平和自己心境或振奮自己精神的事情和活動當中。

著名的已故黎巴嫩詩人哈里利·紀伯倫（Khalil Gibran），在著作書籍《先知（The Prophet）》中有這樣一段詩，恰好也說明了心理鐘擺效應：

有些人說：「歡樂比悲傷偉大」

也有人說：「不，悲傷比較偉大。」

但我要告訴妳們，兩者是分不開的。

它們總是一同到來，

當你和其中一者同坐在桌前時，

記得，另外一個正在你床上酣睡。

的確，你好像天秤一樣，

擺盪在悲傷與歡樂之間，

唯有在空無一念時，你才能靜止平衡。

德西效應

德西效應（Westerners effect）是指在某些情況下，當外加報酬和內感報酬兼得的時候，外加報酬（主要是實質獎勵如金錢）反而會抵消內感報酬的作用。

德西在 1971 年做了專門的實驗。他讓大學生當受試者，在實驗室裡解有趣的智力難題，實驗分三個階段。

- 第一階段：所有的受試者都沒報酬。
- 第二階段：將受試者分為兩組，實驗組的受試者第完成一個難題可得到 1 美元的報酬，而控制組的受試者跟第一階段相同，無報酬。
- 第三階段：為休息時間，受試者可以在原地自由活動，並把他們是否繼續去解題作為喜愛這項活動的指標。

結果實驗組（獎勵組）的受試者在第二階段確實十分努力，而在第三階段繼續解題的人數很少，表明興趣與努力的程度在減弱，而控制組（無獎勵組）的受試者有更多人花更多的休息時間在繼續解題，表明興趣與努力的程度在增強。

這個結果表示，進行一項愉快的活動（即內感報酬），

如果提供外部的物質獎勵（外加報酬），反而會減少這項活動對參與者的吸引力。

邊際效應

邊際效應（Marginal effect），也稱「邊際效益」。邊際效應原是經濟學上的概念，意思是一樣的東西的價值同它滿足的需要成正比，這就是雪中送炭之所以比錦上添花更令人感動的原因所在。

有時也稱為邊際貢獻，是指消費者在逐次增加 1 個單位消費品的時候，帶來的單位效用是逐漸遞減的（雖然帶來的總效用仍然是增加的）。

舉個例子，當你肚子很餓的時候，有人送給你一堆包子，那你吃第一個包子的一定覺得這包子很好吃，但隨著吃得越多，包子給你的滿足感就會越來越低，直到你吃撐了，那其他的包子已經起不到任何效用了。

邊際效應的應用非常廣泛，例如經濟學上的需求法則就是以此為依據，即：用戶購買或使用商品數量越多，則其願為單位商品支付的成本越低（因為後來購買的商品對其帶來的效用降低了）。當然也有少數例外情況，例如嗜酒如命的人，是越喝越高興，或者集郵愛好者收藏一套稀有的郵票，那麼這一套郵票中最後收集到的那張郵票的邊際效應是最大的。

瞭解邊際效應的概念，你就可以嘗試在實際生活中運

用它，例如：你是公司管理層，要給員工調漲薪資，給月薪 30000 元的人增加 10000 元帶來的效應，比月薪 60000 元增加 10000 元還來的大。

另外經常靠增加薪水來維持員工的工作熱情看來也是不行的，第一次漲薪 10000 元後，員工非常激動，大大增加了工作熱情；第二次漲薪 10000 元，可能也會很激動，增加了一些工作熱情；第三次漲薪 10000 元 ，有點激動，可能增加工作熱情；第四次再漲薪 10000 元，員工可能已經習以為常，沒有太大效果。

如果想避免這種情況，每次漲薪都想達到和第一次漲薪 10000 元相同的效果，則第二次漲薪可能需要 20000 元 ，第三次需要 30000 元，或者使用其他獎勵措施，才能減少邊際效應的負面影響。

習得無助

習得無助（Learned helplessness）是個心理學名詞，指的是人或動物發現自己不管做什麼，都會接連不斷地受到挫折後，便會感到自己對於一切都無能為力的感覺，最後喪失信心與希望，陷入一種絕望的放棄心態，跟中文的「萬念俱灰」或是「哀大莫於心死」有類似之處。

習得無助的概念最早於 1967 年由美國心理學家馬丁·賽里格曼（Martin Seligman）、史帝芬·邁爾（Steven Maier）和布魯斯·奧弗米爾（Bruce Overmier）等人在動物實驗中陸續研究提出。

實驗時，賽里格曼使用了三隻狗來做試驗。第一隻狗簡單的被加上鞍具，隨後被解下。第二隻狗被加上鞍具之後，接受短暫但有痛感的電擊，狗可以經由碰觸槓桿來停止電擊。第三隻狗與第二隻狗並排，也接受同樣的電擊測試，牠前面也有槓桿，唯一不同的是槓桿沒有停止電擊的作用，換言之，他不僅會發現自己怎麼樣都無法避免受到電擊，還看到隔壁的狗能夠停止電擊，而自己卻不能。

在實驗結束後，第一隻與第二隻狗都迅速恢復原先狀態，但第三隻狗則意志消沉、鬱鬱寡歡，也被診斷出有憂鬱症狀。

另外一個較小規模的試驗是將兩組狗放在吊床當中，第一組狗被輕微電流電擊，但牠們能夠停止電流，另一組狗不行，當這個吊床實驗做完之後，再將這兩組狗放到一個有障礙物的屋子，第一組狗在屋子中遭受電擊時，會跳過障礙物逃走，第二組狗在遭受電擊時，則只會躺在原地不動。這就是習得無助，儘管第二組狗看到第一組狗能逃走，但牠們已經萬念俱灰，對一切都放棄和絕望，連嘗試都不敢。賽里格曼認為，習得無助原因是心理上認為自己無法控制某件不好的事情，進而產生了極度消極行為。後續科學界的研究還發現長期處於習得無助的動物，腦部活動和反應與憂鬱症相近。

　　實驗中賽里格曼發現，唯一可以改善習得無助的方式，就是要直接抓著絕望的狗，並且強迫牠移動四肢，做出跟前面成功逃走的狗一樣的動作，並且讓牠發現可以靠著自己行動躲過被電擊的厄運。而這過程必須完整模擬兩次以上，絕望的狗才會開始自主跳過障礙，逐漸恢復正常。而其他的方式，像是威脅、利誘或是單純示範給牠們看都沒有太大效果。

　　人如果產生了習得無助，就成為了一種深深的絕望和悲哀，會放棄一切求助或是改善的管道，完全陷入一種「我是廢物」、「我做啥都沒有用」的深沉絕望當中。

　　因此我們應學習盡可能面對問題，想出解決問題的方法，

哪怕是向他人求援或是暫時逃避問題，都可能是一個可以減輕苦痛或改善現況的方法，不要使自己陷入絕望深淵之中。

另外，個性悲觀或是負面的人，比較容易會出現習得無助的狀況。可以藉由接受心理治療的認知行為治療（ Cognitive behavioral therapy ）來改變錯誤的認知想法。

證人的記憶

　　證人通常是提供一些客觀的證據的人，就是把自己親眼看到或親耳聽見的事情講出來的人。然而，心理學研究證明，很多證人提供的證詞都不太準確，容易帶著個人的主觀觀點和自我意識。證人對他們的證詞的信心並不能決定他們證詞的準確性，相關的理論被稱為「證人的記憶（Eyewitness Memory）」。

　　1980 年代，英國萊斯特大學（University of Leicester）心理學及犯罪學教授克萊夫·霍林（Clive Hollin）決定對這一結論進行更深入的研究。為了考察證人的證詞是否可信，他將證人的記憶做了測試。

　　第一天請他們看一個短片，是關於一個女孩被綁架的案件。第二天，讓受試者回答一些有關影片內容的問題，並要求他們說出對自己回答的信心程度。接下來使用同樣的方法，內容是從百科全書和通俗讀物中的一般知識問題。

　　另外克萊夫·霍林也發現，以綁架短片證人的證詞中，那些對自己證詞信心十足的人實際上並不比那些沒信心的證人更準確，但對於一般知識來說，信心高的人回憶成績比信心不足的人好得多。

知識是一個無形資料庫，在人類個體之間是共用的，它有公認的正確答案，受試者可以自己去衡量。例如，人們會知道自己在某科目的問題上是否比別人更好或更差一點。但是目擊事件不受這種自知之明的影響。例如，從總體上講，他們不大可能知道自己比別人在記憶事件中的參與者頭髮顏色方面更好或更差。為了讓大家更容易理解「證人的記憶」，我們舉個具體例子來看：

1992 年 10 月 4 日，一架波音 747 飛機撞上阿姆斯特丹一棟大樓。各大媒體都對這個重大災難進行了詳細報導，不過沒有任何人拍到撞擊後一小時內的畫面。儘管如此，十個月後，在心理學家漢斯·克勞姆巴格（Hans Crombag）和同事們的兩次調查中卻均有一半以上的民眾報告自己在電視上看到了撞擊的畫面，並且生動地描繪了撞擊的全過程——他們不知道這些記憶都是自己的虛構。

美國心理學家伊莉莎白·羅芙托斯（Elizabeth Loftus）是當今研究人類記憶的權威，她對於證人記憶做了很多的研究，並出版了專門著作《辯方證人（Witness for the defense）》。伊莉莎白·羅芙托斯曾於 TED 平台上發表一場名為【虛構的記憶】的演講，分享關於證人記憶的故事、研究與經驗分享，在演講中提到一位美國國民因為被證人錯誤指

認是性侵犯而鋃鐺入獄的故事，雖然最後逮捕到真正的嫌犯，但該位男性已經因此錯誤判決而幾乎家破人亡，警惕大家不要過度相信證人的記憶，包括自己的記憶。

伊莉莎白‧羅芙托斯在演講中又舉了一場車禍為例，他給受試者看一樣的車禍現場照片。如果問觀眾兩種問句。

1. 你覺得這兩輛車車禍的時候時速多少？

2. 你覺得這兩輛車「猛烈撞擊」的時候時速多少？

聰明的你應該能猜到，第二個問句的民眾回答時速平均會比較高，第一個問句回答平均是每小時 34 英里（約為時速 54.7 公里），第二個問句回答平均是每小時 41 英里（約為時速 66 公里），甚至還有民眾在第二個問句組別中回憶說有看見照片中事實上不存在的滿地碎玻璃。這實驗說明就算是目睹一樣的車禍，可以因為提問者的不同用詞而改變答案，也說明了證人的證詞是有可能會被操弄的。

伊莉莎白‧羅芙托斯指出不僅記憶會錯誤解讀、會扭曲、會認錯人，甚至她自己也實驗過有部分倫理爭議的記憶實驗—「購物中心迷路實驗（ Lost in a shopping mall ）」，將原本不存在的錯誤的兒時記憶（曾在購物中心迷路被好心人救援）成功值入 1/4 受試者腦海中。

這就是「證人的記憶」效應，我們應該要盡可能多幾方

面了解事物，少數「證人」說的可能並不完全正確，這就是「證人的記憶」這一心理效應帶給我們的啟示。

證人的記憶可能受到以下因素影響：

1. 認人 / 認臉能力：有的證人認人或認臉能力不佳。

2. 種族歧視：有的人有種族歧視，對於特定種族的證詞會特別偏激不利。

3. 失憶 / 創傷後壓力症候群：事件當下如果壓力很大，有的證人可能會出現失憶或不願回想起過去痛苦的狀況。

4. 昏倒：證人如果在事件過程中昏倒，那證詞準確性則有待商榷。

5. 注意力：事件發生當下，通常證人的注意力是有限的，所以對於非集中注意力觀察的地方可能會有忽略或是記憶扭曲，甚至虛假記憶的可能。

6. 視力 / 記憶力：視力不佳或是記憶力不佳的證人，證詞可信度需要打折扣。

7. 孩童：如果證人是孩童，他們的認知能力和表達能力都還未成熟，證詞可信度堪憂。

8. 其他因素：賄賂、使用藥物、毒品或喝酒等眾多因素，都可能會影響證人的證詞。

尤里卡效應
（阿基米德醞釀效應）

尤里卡效應（Eureka effect），也稱阿基米德醞釀效應（Archimedes brewing effect）、或「孵化效應（Incubation Effect）」。

尤里卡效應指的是當反覆思考一個難題而無法解決的時候，把問題暫時擱置一段時間沉澱醞釀一下，讓大腦放鬆經由潛意識和直覺地結合火花，加上某種機緣而「靈光乍現」找到解決辦法。醞釀的過程也有心理學家用像是孵卵（Incubation）來形容。

阿基米德與王冠

尤里卡效應源自於古希臘故事，相傳古希臘的國王赫農王（King Hieron）請工匠替他做了一頂純金的王冠。但做好後，國王懷疑工匠做的王冠並非純金製作，但這頂金冠確實與當初交給金匠的純金一樣重。 經一大臣建議，國王把這個難題交給了著名的物理學家兼科學家阿基米德（Archimedes）。

阿基米德為了這難題苦思多日卻無計可施，然而有一天，阿基米德在家洗澡，當他坐進澡盆時，看到洗澡水滿出往外溢，同時感到身體被輕輕托起。他突然靈光乍現，領悟了物理

學的浮力定律 [阿基米德原理（Archimedes' principle）]，
也就是可以用固體在水中排出的水量來間接計算王冠的比重。
他興奮地跳出澡盆，連衣服都顧不得穿上就跑了出去，大聲喊
著「我想到了！我想到了！（Eureka！Eureka！）」

【補充】:Eureka 是希臘文動詞 heuriskein 的時態之一，翻成
英文是指「我找到了」，後來大家把這個靈光乍現的過程就叫
做「尤里卡時刻（Eureka moment）」或「「啊哈！時刻（Aha!
moment）」。

　　阿基米德靈光乍現之後，他為了找出真相，把王冠和同
等重量的純金放在盛滿水的兩個盆裡，比較兩盆溢出來的水，
發現放王冠的盆裡溢出來的水比另一盆多。這就說明王冠的體
積比相同重量的純金體積還大，比重密度不同，證明了王冠中
摻了白銀，工匠只好承認自己偷工減料。在這故事中，阿基米
德百思不解的難題，在一次洗澡中茅塞頓開，所以被稱阿基米
德醞釀效應。

凱庫勒與苯分子

　　化學分子「苯」在 1825 年就被發現了，但幾十年後人們仍不知道它的詳細結構。德國化學家奧古斯特凱庫勒（August kekulé）長期研究苯分子結構，1864 年冬的某一天晚上，他在火爐邊看書時，不知不覺打起瞌睡，做起了夢，在夢中他看到苯分子結構，祕密由此解開。凱庫勒：「我正在苦思苯分子的結構，後來不小心睡著，夢中我看到氫原子和碳原子在我眼前飛舞，後來碳原子排成長長的隊伍，像蛇一樣連結起來旋轉，之後這條蛇咬住了自己的尾巴。之後我把夢中的靈感拿去驗證，終於發現苯分子的結構。」這也是尤里卡效應的表現。

（苯分子結構）
C：碳原子
H：氫原子

穆利斯與 PCR

聚合酶連鎖反應（Polymerase chain reaction, 簡稱 PCR）是當代最重要的生物技術之一，PCR 可以將少許 DNA 不斷複製，最後得到大量且相同的 DNA。1996 年 7 月 5 日，全球首隻複製綿羊「桃莉（Dolly）」在英國蘇格蘭誕生，複製羊桃莉便是利用了這種技術才得以誕生，而這項技術是由美國生化博士凱利·穆利斯（Kary Mullis）發明，構思過程也是尤里卡效應的表現。

1983 年，穆利斯博士在加州生物科技公司負責 DNA 合成研究，常面臨 DNA 不夠而無法繼續實驗的問題。正在為這個所苦之時，穆利斯在某個夜晚，開車行駛在太平洋海岸公路（Pacific Coast Highway）上時，思考著要如何大量複製 DNA，他看到公路上的白色標誌直線，靈光乍現，聯想到 DNA 序列的樣子跟道路標誌線很像，他想到將原來的雙股 DNA 分開成兩條單股 DNA，接著再藉由加入引子（Primer），在合適的溫度下與原 DNA 形成對位鍵結，再提供 DNA 聚合酶（Polymerase）和去氧核苷三磷酸（dNTP）就可以讓 DNA 不斷複製增加，讓 DNA 片段從一條變兩條，兩條變四條……以此類推，這樣只需一個下午，就可以製造出 100 億個一樣的 DNA 片段，解決實驗 DNA 短缺的問題。

穆利斯將這項發明發表在著名的《科學（Science）》期刊上，經過不斷改進，廣泛應用在生物醫學研究上，這偉大的發明也讓穆利斯獲頒 1993 年的諾貝爾化學獎。

便宜項鍊實驗

1971 年，心理學家西爾維拉（Silveira J.）做了「便宜項鍊實驗（The cheap-necklace problem experiment）」也驗證了這種效應。

西爾維拉告訴受試者：「你面前有 4 個小鏈子，每個鏈子有 3 個環。打開一個環要花 2 分錢，封合一個環要花 3 分錢。開始時所有的環都是封合的。你們的任務是要把這 12 個環全部連接成一個大鏈子，並用 15 美分以內完成。」實驗規定 3 組受試者都只能用半小時來解決問題，但三組的差異在於中間有沒有空檔時間做別的事情。

實驗結果如後：

- 第一組專注思考半小時不休息：55% 的人解決問題。
- 第二組中間有額外休息半小時去做別的事情：64% 的人解決了問題。
- 第三組中間有額外休息 4 小時去做別的事情：85% 的人解決了問題。

【挑戰看看！】

1971年西爾維拉的簡單項鍊實驗

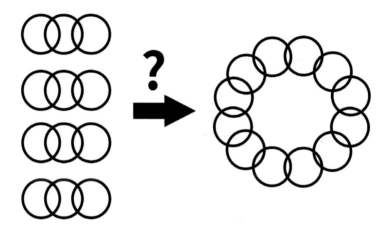

打開一環要花2美分，
闔上一環要花3美分，
如何以15美分完成？

作答時間限制30分鐘以內

（想知道正確答案請翻頁。）

在這個實驗中可以發現尤里卡效應，讓有醞釀比較久時間「孵蛋」的受試者，打破了思考框架並找出更好的解決方法。

19 世界著名德國哲學家尼采（Friedrich Nietzsche）也曾說過：「所有偉大的思想均源自於漫步。（All truly great thoughts are conceived while walking.）」漫步中放鬆自我、與自然美景結合，誕生出偉大思想，這也是一種尤里卡效應的表現。這段話可引申為「漫步林間，靈光乍現。」

義大利哲學家兼文藝評論家貝內德托·克羅齊（Benedetto Croce）認為人的智慧有兩種，一種是直覺跳躍性，一種是推理邏輯性。

尤里卡效應就是利用大腦直覺性的思考，達到瞬間領悟的理解方式。思考沉澱的醞釀過程中，存在潛在的意識層面推理，儲存在記憶裡的相關資訊在潛意識裡組合，

人們之所以在休息的時候突然找到答案，是因為個體消除了前期的心理緊張，捨棄了理性的僵硬化思考、捨棄了自我認知的限制框架，具有創造性的思維狀態。

因此當你面臨一個難題或難關時，不妨先將它放在一旁，讓自己沉澱一下思緒和心靈，放輕鬆去和朋友聊天、散步、喝茶或看電影，或許答案就會突然靈光乍現，解決問題。

【第一步驟】

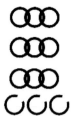

解開三個環，
3x2=6
花費6美分。

【第二步驟】

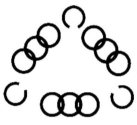

移動解開的環，
排列到適當位置。

【第三步驟】

闖上三個環，
3x3=9
花費9美分。
加上第一步驟合計15美分。

雷亞你問題想出來答案沒?

我孵貓醞釀一下
就會想出來了。

阿倫森效應（得失效應）

　　阿倫森效應（Aronson effect）或稱為「得失效應（Gain-loss effect）」，是指人們喜歡增加對自己有正面意義的事物（像是稱讚、獎品或金錢），而討厭這些事物減少。

　　得失效應最早在 1677 年由荷蘭哲學家巴魯赫·史賓諾沙（Baruch Spinoza）的著作中提出。在 1965 年由美國著名社會心理學家——埃利奧特·阿倫森（Elliot Aronson）和達爾文·林德（Darwyn Linder）共同實驗證明和寫出理論發表在國際期刊上，因此又被稱為阿倫森效應。

　　實驗是這樣進行的，請同仁分成四組給予學生評價，然後讓學生對這四組同仁的好感度評分。

- 第一組：始終對學生讚譽有加，沒有責備。
- 第二組：始終對之責備否定，沒有稱讚。
- 第三組：先稱讚，後責備。
- 第四組：先責備，後稱讚。

　　結果發現絕大部分人對第四組最具好感，對第三組最為反感。

範例 1 - 變臉主管

大家可以想像,如果自己是一位認真的公司員工,有兩位主管 A 和 B,A 是平常對你總是稱兄道弟和稱讚有加,但另外一位 B 總是對你表現嚴厲又要求多,如果今天在一個升遷面試中,AB 兩位主管都是遴選評審,原本對你好的主管 A 突然變得冷漠刁難,原本對你嚴厲的主管 B 突然在各評審面前表示讚許,並鼓勵其他評審錄用你,那你對兩位主管的觀感將會變得如何呢?不用說一定是天翻地覆的改變。

範例 2 - 追求

許多男生喜歡漂亮的女生,但漂亮的女生通常很多人追,主動獻殷勤和示好的男生一定很多,要如何「殺出重圍」是很多男生的苦惱。而坊間有些教男生追女生的「武功祕笈」書籍,其中一招就是一開始對女生不展露自己的好感,甚至要假裝貶低、揶揄或是責備對方,等到引起對方注意力或是希望澄清誤會的時候,再釋出善意和展現好感,讓美女歷經了先責備、後稱讚的「冷熱三溫暖」,反而有機會產生更大的好感,也讓你在眾多追求者中脫穎而出,這也是利用了得失效應的心理學。當然這方法的前提是你不能做出真正傷害對方,或是引起對方極大反感的事情,不然可能會有反效果。

出醜效應（瑕不掩瑜效應）

出醜效應（Pratfall effect）」，又稱為「缺點效應」或「瑕不掩瑜效應（Blemishing effect）」。Pratfall 是指摔個四腳朝天，代表出醜。

一般來說，資質駑鈍者通常不受人欣賞，但完美無缺的人也未必討人喜歡。心理學家認為，最討人喜歡的是精明能幹又帶有小缺點的人，不僅瑕不掩瑜，反而使人覺得他和凡人一樣會犯錯，平易近人又自然不做作、讓人更加喜愛他。

為什麼有的人犯錯我們會討厭，但有的人犯錯我們卻覺得好可愛或值得原諒，這究竟是為什麼呢？

阿倫森實驗

1966 年，出醜效應首度由美國著名社會心理學家埃利奧特·阿倫森（Elliot Aronson）所提出，這實驗找了明尼蘇達大學（University of Minnesota）的大二男學生聽一捲錄音帶，內容是播報演員飾演的參賽者參加機智問答大賽的過程，而每題問題都很艱難。

阿倫森教授準備了 4 卷錄音帶用於實驗，裡面的參賽者分別是：

214

1. 【表現卓越沒犯錯】：能正確回答 93% 的問題，榮譽學生，擔任學生社團要務，多才多藝，品學兼優。

2. 【表現卓越加輕微犯錯】：能正確解答 93% 的問題，榮譽學生，擔任學生社團要務，多才多藝，品學兼優，但是在比賽接近尾聲時不小心把咖啡濺到自己身上；

3. 【表現普通沒犯錯】：答題準確率僅為三成，學業成績一般，能力一般。

4. 【表現普通加輕微犯錯】：答題正確率僅為三成，學業成績一般，能力一般，在比賽接近尾聲時不小心把咖啡濺到自己身上。

當教授向他的受試者學生放完這四段錄音帶，讓他們從上面的這四個人中選出一位他們最喜歡的，以及選出一位他們最不喜歡的。

測試的結果，最不受學生喜歡的當然是第四段那位【表現普通加輕微犯錯】參賽者，幾乎所有的學生都選擇了最討厭他。但奇怪的是，學生們最喜歡的不是第一位【表現卓越沒犯錯】的參賽者，反而是第二位【表現卓越加輕微犯錯】的參賽者，有 95% 的受試者選擇了他。

因此可以推論，「瑕不掩瑜」的小失誤反而會讓卓越的人更討人喜歡。而如果一個人表現得完美無缺，我們從外面看

不到他的任何缺點，反而會讓人覺得不夠真實，因為一個人不可能是沒有任何缺點的。

心理學上對這種現象有兩種解釋。

另一種可能的解釋是人們喜歡有才能的人，才能與被喜歡程度是成正比例關係的。但是如果一個人的能力過強，有時候會讓別人嫉妒、或是感到自卑，就容易造成反感。

影響因素

阿倫森教授之後又做了更多的研究與分析，他發現「出醜效應」會受到性別、犯錯程度、自尊心和相似性等影響。

【性別】：男性更傾向欣賞會犯錯的卓越人才；而女性則較喜歡完美的卓越人才。這或許也可以解釋男性友誼之間時常會互罵髒話或開玩笑互虧。而女性友誼偏向互相稱讚和支持的可能原因之一。

【犯錯程度】：如果失誤過大，可能就會引起負面觀感。但如果失誤過小，小到對有些人來說根本不算犯錯或失誤，比如採訪中打噴嚏，那麼出醜效應也不會產生。所以犯錯程度在「不嚴重的微小失誤」時候，出醜效應效果最明顯。

【自尊心】：中等水平以下自尊心者，更喜歡能力出眾而有失

誤的人，而低自尊的和高自尊的人則都更偏愛完美的能力出眾者。中等自尊心的人，自認為與才能出眾者相去不遠，才能出眾者有錯誤，會使雙方的距離縮短；高自尊心者認為，他們與才能出眾者平起平坐，因而不需要通過對方的失誤來調整自己內心的平衡；而對於低自尊者，能力出眾者遙不可及，雙方的距離更大一些，反而更加能夠減少相互比較所產生的壓力。

【相似性】：如果出醜的人之意見、看法與我們相似，那麼我們則更傾向於輕視以及貶低對方，對方犯錯時「出醜效應」通常會不適用。

瑕不掩瑜

而在商品領域，跟人的「出醜效應」非常相似的就是「瑕不掩瑜效應」。

美國史丹佛大學（Stanford University）商學院的學者巴巴·席夫（Baba Shiv）教授、扎克瑞·托馬拉（Zakary Tormala）教授和特拉維夫大學的丹尼特·恩因賈（Danit Ein-Gar）博士共同研究發現，少量輕微的負面訊息反而可以強化消費者對商品的正面形象。

比如說你去一間大家都有口皆碑的餐廳，結果發現果然名不虛傳，餐廳裝潢漂亮、食物美味、環境衛生和服務親切，但途中去上廁所發現他們廁所衛生有待加強，但這個小瑕疵並不會影響到你最終的印象，反而可能會更好。

也就是說當消費者已經有足夠的正面印象之後，微量的負面信息反而會增加商品的正面形象。

然而值得注意的是，「瑕不掩瑜效應」只在消費者是「低度耗費心力（Low processing）」的情況下有效，如果他們耗費很大的心力去搜尋、調查和詢問哪個商品比較好，詢問大家的評價和認真思考商品好壞，也就是「高度耗費心力（High processing）」，那發現的負面消息將無法產生「瑕不掩瑜效應」，因為這時候理智認知層面的訊息和想法會比較強勢，主導對於該商品的看法。

延伸應用

我們常會在意別人對我們的印象和看法，這是人之常情，因此多少會想掩飾自己缺點和展現自己優點，我們總是希望通過改變自己的部分言行，來獲得社會認同或他人肯定。

部分民眾上班一個樣、下班另一個樣，或是在朋友面前一個人，在親友面前另一個人，這也無可厚非，但時間一久，

有的人扮演「完美的自己」會累。出醜效應除了告訴我們發現
人性心理的特別之處之外，也告訴了我們其實「金無足赤，人
無完人」，人難免都會犯錯，如果你平常表現認真又待人不錯，
當你犯錯時仍是瑕不掩瑜的。

　　反過來看，出醜效應也並非告訴大家要故意出醜來譁眾
取寵，而是提醒大家不要過分苛求自我或追求完美。當自己或
他人在犯錯時，也能用平常心接納並改正錯誤。

與阿倫森效應比較

　　出醜效應告訴我們一個傑出的人如果犯小錯不僅瑕不掩
瑜，反而可能會更受歡迎。而前一章節的阿倫森效應告訴我
們，人們喜歡越來越多的「好處」，討厭自己好處被減少或剝
奪。這兩者是否有矛盾或衝突呢？其實不然。

　　阿倫森效應指出的討厭源於「我吃虧了」、「你給我的
好處沒了」或「我被你騙了」。

　　而出醜效應中的失誤定義為「微小可原諒的失誤」，並
且是不會讓人有虛假受騙或吃虧的感覺。

　　因此在合理不討人厭的犯錯範圍，我們可以推論是在沒
有讓別人吃虧、引起反感或是讓他人覺得被騙等前提下。

彼得原理（向上爬原理）

彼得原理（The Peter principle）也被稱為「向上爬原理」，指的是在組織或企業中，人會因其表現優異或特殊技能，令他被升遷到不能勝任的地位，反而造成組織或企業的負面效應。

彼得原理是 1969 年由加拿大籍管理學家勞倫斯·彼得（Laurence Peter）出版的書籍所提出，在書中彼得根據千百個組織的失敗例子歸納出一個原理：「在組織或企業中，每個員工趨向於升官到他所不能勝任的地位。」彼得指出，每一個員工由於在原有職位上工作成績表現好，就將被提升到更高一級的職位；其後，如果繼續勝任則將進一步升官，直至到達他所不能勝任的職位（這職位被稱為「彼得高地」）。由此導出的推論是：「每一個職位最終都將被一個不能勝任其工作的員工所占據。最後組織的工作變成大多是由能力不能勝任該職務的員工擔任的。」

由於彼得原理的推出，使他無意間創設了一門新的科學——層級組織學（Hierarchiolgy），與工商、政治、宗教或教育界都息息相關。彼得原理在現實生活中無處不在，比方說一名稱職的教授被提升為大學校長後無法勝任；一個優秀的運動員

被提升為體育主管官員後卻無所作為；或是一位不錯的立法委員，後來選舉選上市長卻背離民意、倒行逆施。

對組織或企業而言，一旦部分的人員被推到了他不稱職的位置，可能會造成組織效率低下。因此不能只因為某個人在某一個職務上幹得出色就將他升官。

組織或企業要客觀評價每一位員工的能力和水準，以及了解每一個職務所需要的能力和特長，將員工安排到他可以勝任的職務。另外重要的是，也不要把職務升官當成對員工唯一的獎勵方式，應建立其他更有效的獎勵機制，像是加薪、稱讚、頭銜或是休假等。有時將一名員工升官到一個他無法勝任的位置，不僅沒好處還會帶來傷害。

對個人而言，雖然我們每個人都期待著持續升官，但不要把升官當作人生唯一的動力，與其在一個無法勝任的職位痛苦支撐，還不如找一個自己能遊刃有餘的職務好好發揮專長，同時獲得成就感以及眾人的尊重和喜愛。

蔡格尼克效應

蔡格尼克效應（Zeigarnik effect）是指人有一種想把事情完成的本能驅動力，人們比較會忘記「已完成」的工作，是因為完成事情的慾望已經得到滿足；但如果工作還沒完成，這一慾望會使他持續的想完成這工作，也會讓記憶比較深刻。

大家不妨可以嘗試畫一個圓圈，在交接處刻意留一小段空白不要連起來，之後再看一下這個圓圈，腦子裡通常會想要把這段空白補起來，這就是蔡格尼克效應，想要完成事物的慾望。

1927 年，蘇聯心理學家布魯瑪·蔡格尼克（Bluma Zeigarnik）做了一個實驗：將受試者分為 A、B 兩組，同時演算相同的數學題。期間讓 A 組順利演算完畢，而 B 組演算中途被突然停止。然後讓 A、B 組分別回憶剛剛演算的題目，B 組明顯優於 A 組。

這種完成事物的慾望未被滿足，留存於 B 組人的記憶中，久擱不下。而那些已完成的人，「完成欲」得到了滿足，便輕

鬆地忘記了任務。這種解答未遂的問題，深刻地留存記憶中的心態叫蔡格尼克效應。

被譽為現代社會心理學之父的德國心理學家庫爾特·勒溫（Kurt Lewin）認為，人類有一種自然傾向去完成一個行為單位，如去解答一個謎語，閱讀完一本書等，這就叫「心理張力」。未得到滿足的心理會產生一個張力，讓人產生完成事情的驅力。進而使人完成目標，當任務完成之後，張力也會隨之消失，是推動我們完成工作的重要驅動力。

現在許多電影的結尾都會埋有伏筆或是故事沒有演完，就是利用蔡格尼克效應故意吊民眾胃口，讓民眾好奇之後的發展及結局，並迫不及待地想看續集。

二八法則（80/20 法則）

二八法則，又稱為「帕雷托法則（Pareto principle）」、「80/20 法則（The 80/20 rule）」、「最省力法則」、「馬特萊法則」、「不平衡原則」或「猶太法則」。

19 世紀末 20 世紀初義大利的經濟學家弗雷多·帕雷托（Vilfredo Pareto）認為，在任何一組東西中，最重要的只占其中一小部分，約 20%，其餘 80% 儘管是多數，卻是次要的。社會約 80% 的財富集中在 20% 的人手裡，而 80% 的人只擁有 20% 的社會財富，這種統計的不平衡性就是二八法則。

約瑟夫·朱蘭（Joseph Juran）根據帕雷托的理論進而推論，二八法則在經濟和生活等層面無處不在，在任何特定群體中，重要的因素通常只佔少數，而不重要的佔了多數，因此只要能控制具有重要性的少數，即能控制全體。這個原理經過多年的演化，已變成當今管理學界所熟知的「二八法則」。

在財富分配方面，可以指的是 80% 的財富被 20% 的人擁有，以實例來看我們常會發現社會上超級富翁的財力富可敵國，上流社會少數幾個人的財力可能佔了全國資產的很高比例。在一個國家的醫療體系中，20% 的人口與 20% 的疾病，會消耗 80% 的醫療資源。

二八法則認為：原因和結果、投入和產出、努力和報酬之間本來就是不平衡。多數人僅能造成少量影響，少數人卻能造成重大影響。二八法則的應用重點在於，找出哪些少數重要因素正在發揮影響作用，並儘可能利用這些因素。

　　80/20 這數據僅僅是個參照，真正的比例未必正好是 80：20。有人說：「美國人的金錢在猶太人的口袋裡。」猶太人則認為宇宙存在一條 78：22 宇宙法則，世界上許多事物，都是按 78：22 這樣的比率存在的。比如空氣中，氮氣占 78%，氧氣及其他氣體占 22%。人體中的水分占 78%，其他為 22% 等。他們把這個法則也用在生存和發展之道上，始終堅持二八法則，把精力用在最見成效的地方。

　　美國企業家威廉·穆爾在為格利登公司銷售油漆時，頭一個月僅賺了 160 美元。此後，他仔細研究了猶太人經商的二八法則，分析了自己的銷售圖表，發現他 80% 的收益來自 20% 的客戶，但是他過去卻對所有的客戶花費了同樣多的時間。

　　於是，他把他最不活躍的 36 個客戶重新分派給其他銷售人員，而自己則把精力集中到最有希望的客戶上。不久，他一個月就賺到了 1000 美元。穆爾學會了猶太人經商的二八法則，這使他最終成為油漆公司的董事長。許多世界著名的大

公司也非常注重二八法則，認為 20% 的員工可以為公司帶來 80% 的獲利，因此為最優秀的前 20% 的員工設計出特別優渥的獎勵。

二八法則不僅在經濟學與管理學領域應用廣泛，它對我們的自身發展也有重要啟示，讓我們學會避免將時間和精力花在瑣事上，要學會提綱挈領。一個人的時間和精力都是非常有限的，要做好每一件事情幾乎是不可能的，要學會合理分配我們的時間和精力。要想面面俱到還不如重點突破。把 80% 的資源花在能產生關鍵效益的 20% 的方面，這 20% 的方面又能帶動其餘 80% 的發展。

二八法則告訴我們，企業經營和管理中要抓住關鍵的少數；要找出那些能給企業帶來 80% 利潤、總量卻僅占 20% 的關鍵客戶，加強服務，達到事半功倍的效果；企業領導人要對工作認真分類分析，要把主要精力花在解決主要問題和項目上。

二八法則相當普及也被許多企業奉為圭臬，但在網路普及的現代產生了新的變化，甚至有企業逆向操作而稱霸全球市場。詳情請見第 228 頁「長尾效應」章節。

長尾效應

　　長尾效應（The long tail effect）是指那些原來不受到重視的銷量小但種類多的產品，累積起來的總收益超過主流產品的現象，最具代表性就是美國亞馬遜公司（Amazon）的竄起。在網路無遠弗屆的影響之下，長尾效應更為顯著。

　　2004 年，長尾效應一詞最初由《連線（Wired）》雜誌的總編輯克裡斯·安德森（Chris Anderson）發表於自家雜誌中，用來描述一種有別於過去二八法則的新興商業模式。

　　亞馬遜公司總部位於美國西雅圖，最早是一家網路書店公司，不久之後商品走向多元化。目前是全球最大的網際網路線上零售商之一，亞馬遜公司創辦人兼執行長傑佛瑞·貝佐斯（Jeff Bezos）在 2017 年 10 月身價到達 938 億美元，超越微軟創辦人比爾·蓋茲，成為世界首富。而他是如何成功的呢？

　　美國最大的零售連鎖書店「巴諾書店（Barnes & Noble）」的主流暢銷書約有 13 萬種，這 13 萬種書是大家最常買的書。

　　但亞馬遜公司利用網路販售，發現有超過一半的銷售量都來自於這 13 萬本以外的書籍。40% 的書本銷售來自於書店裡不賣的書本。這就意味著那些不在一般書店裡出售的圖書，

比常擺在書店暢銷榜的書市場還大。在台灣，我們可以看到網路書店「博客來」興起，業績蒸蒸日上，與眾多實體書店紛紛關店、吹熄燈號的狀況做比較。

然而不僅在圖書產業，近年來在音樂、影視、手機和遊戲產業，都陸續發現長尾效應的現象。

過去「80/20 法則」向來被商業界視為鐵律，認為企業界80% 的業績來自 20% 的產品。就此看法，商業經營看重的是少數暢銷商品。而多數冷門商品被定義為不具銷售力且難以獲利的區塊。但「網路」已打破這項鐵律，長尾效應讓 98% 的產品都有機會銷售，而不再只依賴 20% 的主流產品，冷門商品的總值甚至可與暢銷商品抗衡。

現在許多「客製化」或具有獨特風格或思路的產品，因為網路力量的加持，能在短短時間內爆紅、業績大為增長，這也是長尾效應的表現。

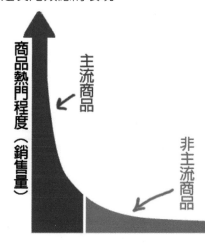

商品熱門程度（銷售量）

主流商品

非主流商品

商品種類

透明天花板效應

　　透明天花板效應（Glass ceiling effect）指的是設置一種看似不存在又具體存在的人為阻礙。透明天花板一詞是安·莫里森（Ann M. Morrison）於 1986 年 3 月 24 日的《華爾街日報》的企業女性專欄當中所寫的文章《打破天花板效應：女生能夠進入美國大企業的高層嗎？》（Breaking the Glass Ceiling：Can Women Reach the Top of America's Largest Corporations？）這文章描述女性試圖晉升到企業或組織高層所面臨的障礙。一年以後，瑪裡琳·大衛森和加里·庫珀在其《打碎天花板效應》（Shattering the Glass Ceiling）一書中也討論了這個問題。

　　透明天花板效應基本上的意涵為，女性或是少數族群沒辦法晉升到企業或組織高層，並非是因為他們的能力或經驗不夠，或是不想要其職位，而是一些針對女性和少數族群在升遷方面，組織似乎設下一層障礙，這層障礙甚至有時看不到其存在。

　　因此，如果組織中的女性或少數族群想順著職業生涯發展階梯慢慢往上攀升，當快要接近頂端時，自然而然就會感覺到一層看不見的障礙阻隔在他們上面，所以他們的職位往往只

能爬到某一階段就不可能再繼續上去了。這樣的情況就是所謂的透明天花板的障礙。

羅薩貝斯·坎特（Rosabeth Moss Kanter）在 1977 年出版了她的著作《企業裡的男人和女人》，其中提到，因為在組織中，女性的管理人員在她們的工作環境中常常是非常引人注目的，這使得她們（和她們的失誤）更明顯，而且還誇大了她們和佔統治地位的男性文化的區別。

1991 年，美國政府建立「天花板協會（The Glass Ceiling Commission）」機構。這機構由國會和總統委任的成員組成，這個部門的職能就是找出並消除那些私有企業中阻礙女性職業發展的阻礙因素，幫助她們獲得平等的機會和權利。

凡勃倫效應

　　凡勃倫效應（Veblen effect）指的是一些商品價格訂得越高，就越能受到消費者的青睞。它反映了人們進行揮霍性消費的心理現象。而這些商品也被稱為凡勃倫商品（Veblen goods），通常都是一些奢華商品。

　　1899 年，挪威裔美國經濟學家托斯丹·凡勃倫（Thorstein Veblen）發現，有些商品降價之後銷售量也變少了。反觀如果有些奢華商品漲價了，銷售量反而會更高。凡勃倫認為這些消費者買奢華商品，除了商品本身的用途之外，還有象徵自己獨特地位和有錢的形象。凡勃倫效應也可以在一個故事中看出來。

　　有一天，一位師父為了啟發他的徒弟，給他一塊很美麗的石頭，叫他去市場試著賣這石頭，但不要真的賣掉它，然後回來跟師父說它能在市場賣多少。

　　徒弟去了菜市場，許多人出了價，但不過是幾塊錢。

　　徒弟回來說：「它最多只能賣幾個硬幣。」

　　師父說：「現在你改去黃金市場試著賣看看，但一樣不要賣掉它。」

　　徒弟從黃金市場回來高興說：「太棒了。他們樂意出到

1000 元。」

師父說：「現在你去珠寶市場那賣，低於 50 萬不要賣掉。」

徒弟去了珠寶商那兒。他簡直不敢相信，他們竟然樂意出 5 萬塊錢，他不願意賣，他們繼續抬高價格到 10 萬。但是徒弟說：「這價錢我不打算賣掉它。」他們說：「我們出 20 萬、30 萬！」

徒弟最後以 50 萬元的價格把這塊石頭賣掉了。

徒弟回去後，師父對他說：「現在你明白了，一個人的價值要看有沒有比較、市場和野心。如果你安於平凡的價格，你永遠不會得到更高的價錢。」

我們經常在生活中看到類似的狀況：款式看起來差不多的皮鞋，在普通的鞋店賣 80 元，進入大商場的櫃檯就要賣到幾百元，卻還是有人會買。

這種狀況屢見不鮮，像是一瓶 100 元的礦泉水、66 萬元的眼鏡、88 萬元的紀念錶、上百萬的的鋼琴、上千萬的跑車，這些高價奢華商品，仍有相當可觀的市場。

一些商品價格訂得越高，就越能受到消費者的青睞。消費者購買這類商品的目的並不僅為了物質享受，更大程度上是為了獲得心理上的滿足。隨著社會經濟的發展，人們消費會隨

著收入的增加，而逐步提升，從一開始的追求數量、之後追求質感，更之後會追求品味格調。

　　瞭解凡勃倫效應後，我們也可以用它來宣傳商品，利用某些廣告或品牌故事，將商品附加上「高級」、「稀有」、「名貴」或「超凡脫俗」等形象，進而提高商品價格，加強消費者好感，增加銷售量。

動漫電玩阿宅

尊爵不凡、品味奢華

反饋效應（赫洛克效應）

　　反饋效應（Feedback effect）也被稱為「赫洛克效應（Hurlock effect）」或是「正向回饋理論（Positive feedback theory）」，指的及時對結果進行回饋，像是稱讚或批評，能夠強化學習效果、改進缺點或提升工作效率。

　　反饋效應的概念源自 1925 年，美國心理學家伊莉莎白·赫洛克（Elizabeth Hurlock）做過的一個實驗並發表論文於期刊《Journal of Educational Psychology》上，他把受試者分組，在幾種不同情況下完成任務。

- 第一組【表揚組】：每次工作後給予表揚和鼓勵。
- 第二組【責備組】：每次工作後給予指責和訓斥。
- 第三組【忽視組】：不給予任何評價，只讓他聆聽其他組受表揚或批評。
- 第四組【對照組】：讓他們與前三組隔離，看不到也聽不見彼此，也不給予任何評價。

　　結果工作成績是【表揚組】>【責備組】>【忽視組】>【對照組】。

　　這個實驗說明及時對結果進行反饋和評價，能強化學習或工作動機和效率，而表揚效果優於批評責備，而批評效果又

比不給予任何評價還好。

值得注意的是，忽視組和對照組，在實驗後期的工作的失誤率反而有上升趨勢。

另外赫洛克也發現如果把學生依成績分為「優秀組」、「普通組」、「低下組」三組，稱讚對三組的成績表現都有正面意義，而對「低下組」效果特別好。

心理學家羅西與亨利把一個班的學生分為三組：

- 第一組：「每天」告訴學生當日的學習成果。
- 第二組：「每週」告訴學生成果一次。
- 第三組：完全不告訴學生學習成果。

如此進行了 8 週教學，然後改變做法，把第一組與第三組對調，第二組不變，再進行了 8 週教學。結果除第二組穩步地前進之外，第一組與第三組的情況大為改變：即第一組的學習成績逐步下降，而第三組的成績則突然上升。這說明及時知道自己的學習成果，對學習有正面的學習作用，而如果把這回饋更改，也會影響到後續的學習效果。

學習如果有及時回饋，這種回饋對學習會產生強化作用，促進了學習者更加努力學習，而結果會進步，獲得稱讚的回饋，進而又更提高學習效率，進而產生一種良性循環。

心理學家布朗（Evelyn Brown）的實驗表明，不同的反饋方式對學習的促進作用也不相同。一般來說，學生自己進行的「主動」反饋要優於教師的「被動」反饋。

　　所以結論是，反饋比不反饋好得多，積極的反饋比消極的反饋好得多，主動反饋比被動接受反饋效果好得多。所以，平時我們要對別人的行為、活動給予及時的反饋，這樣不僅有助於他人完成任務，也有助於自己獲取更多的信息，同時也要對自己的工作、學習進行及時的自我反饋，這樣才能更進步，取得更好的成績。

黑暗效應

黑暗效應（Dark effect）指的是在光線比較暗的場所，容易減少戒備感而產生安全感。在這種情況下，彼此產生親近的可能性會高於光線亮的場所。

因為在白天的時候，人們往往會注意自己的行為舉止，而在光線昏暗時，人們的行為傾向於親近溫和、戒備程度較低。

在光線比較暗的場所，約會雙方彼此看不清對方表情，就很容易減少戒備感而產生安全感。因此吃飯點蠟燭的意義，通常不是為了節約電費，而是為了營造燈源不足下容易增加親近性的浪漫效果，這種現象被稱為黑暗效應。

在光線較暗環境中，人脾氣會較溫和。可能是因為黑暗中對方感官失效，自己便沒有危險，表情不需要偽裝，自我真情流露；而自己的感官失效後，人就會變得脆弱而敏感，傾向於在黑暗中抓住同伴的安全感，這就是黑暗效應。黑暗效應還可以解釋為什麼在燈光昏暗的酒吧和舞廳，陌生人之間比在普通場合更容易相互認識，甚至產生戀情。

反過來說，強烈燈光會令人難以放鬆、讓警覺性和情緒張力變大。2013 年，曾任教於加拿大多倫多大學（University of Toronto）的華裔助理教授徐靜（Alison Jing Xu）做了

研究（之後她改任教於美國明尼蘇達大學卡爾森管理學院），
並將研究結果刊登於國際期刊《消費心理學雜誌（Journal of
Consumer Psychology）》。研究指出一種現象「光亮情感
（Incandescent affect）」，指的是人的情感反應在較強燈光
下更激烈，不管是正向情感或是負向情感。除此之外，較強燈光
下，人的情緒傾向於激烈和攻擊性，警惕性更高。

情境狀態記憶

「情境狀態記憶（State-dependent memory）」指的是學習的時候，如果學習的情緒和環境等因素，跟回想時候當下情境完全相同時，記憶效果最佳。

1981 年，美國學者高登·鮑爾（Gordon Bower）提出關連式網路理論（Associative network theory）。鮑爾認為，人們將資料儲存在腦海記憶裡時，會將當時的情緒感受一起儲存在腦海中的某個情緒節點（Mood node）上，日後人們在作記憶的回想時，回想當時的情緒狀態會激發活化這些腦海情緒節點附近的資訊，因此，提高了這些節點附近的記憶。鮑爾認為，當處於正面情緒時，過去正面經驗的相關記憶可觸性會顯著提高。當處在負面情緒下時，則是過去負面經驗的相關記憶性會提高。後來學者更進一步發現，不僅情緒、生理狀態、當時所在環境或是情緒，都有助於大腦內的記憶連結。

實際運用上，如果你要在一間教室準備考試，那麼在這個教室裡學習比在圖書館或宿舍裡學習更有利。因此為了得到最佳的學習記憶，在熟悉或相似的環境和學習較有效果。

金魚缸法則

　　金魚缸是玻璃做的，透明度很高，不論從哪個角度觀察，裡面的情況都一清二楚。「金魚缸」法則運用到單位管理中，就是要求主管增加單位各項工作的透明度。單位的各項工作有了透明度，主管的行為就會受部屬監督，就會有效地防止濫用特權，進而強化主管的自我約束力。務必記住「公開透明」是防止腐敗和不正之風的法寶。

煮蛙效應

　　煮蛙效應（Frog-boiling effect）就是俗稱的「溫水煮青蛙」，指的是如果把一隻青蛙直接放進熱水鍋裡，牠會迅速跳出鍋外。但如果把一隻青蛙放進冷水鍋裡，慢慢地加溫，青蛙不會立即跳出鍋外，等到水溫高到青蛙無法忍受時，牠已經來不及跳出鍋外而被煮死了。青蛙對緩慢漸進的環境變化不能及時做出反應。

　　青蛙現象告訴我們，一些突變事件，往往容易引起人們的警覺，而容易致人於死地的，往往是在自我感覺良好的情況下，情況逐漸惡化卻沒有察覺，到最後一發不可收拾。

　　十九世紀末，美國各學者做了各種「青蛙實驗」。其中1872 年，學者海茵茨曼（Heinzmann）將一隻青蛙放在煮沸的大鍋裡，青蛙觸電般地立即竄了出去，並安然落地。後來，人們又把牠放在一個裝滿涼水的大鍋裡，再用小火慢慢加熱，青蛙雖然可以感覺到外界溫度的變化，卻因惰性而沒有立即往外跳，等到後來感到熱度難以忍受時已經來不及了。這就是有名的「煮蛙效應」或「溫水煮青蛙效應」。

　　煮蛙效應告訴人們，企業競爭環境的改變大多是漸進式的，如果主管與員工對環境之變化沒有疼痛的感覺，最後就會

像這隻青蛙一樣，被煮熟、被淘汰了仍不知道。一個企業不要滿足於眼前的既得利益，不要沉湎於過去的勝利和美好願望之中，而忘掉危機的逐漸形成和看不到失敗一步步地逼近，最後像青蛙一般在安逸中死去。而一個人或企業應居安思危，適時宣揚危機，適度加壓，使處危境而不知危境的人猛醒，使放慢腳步的人加快腳步，不斷超越自己，超越過去。

比爾·蓋茲有一句名言：「微軟離破產永遠只有18個月。」事實上造成危機的許多誘因早已潛伏在企業日常的經營管理之中，只是由於管理者麻痺大意，缺乏危機意識，對此沒有足夠的重視。有時，看起來很不起眼的小事，經過滾雪球，就有可能演變成摧毀企業的危機。

這個實驗給我們幾點啟示：第一，大環境的改變能決定你的成功與失敗。然而，大環境的改變有時又是看不到的，我們必須時時注意，多學習，多警醒，並歡迎改變，才不至於太遲。第二，太舒適的環境就是最危險的時刻。已習慣的生活方式，也許就是你最危險的生活方式，不斷創新，打破舊有的模式，而且相信任何事都有再改善的地方。第三，要能覺察到趨勢的小改變，就必須停下來從不同的角度來思考，而學習是能發現改變的最佳途徑。

對一個人而言，最可怕的是緩慢漸進的危險降臨，而不

是突然的危機降臨。因為突然的危機降臨可以使人動員自身全部的潛能，並迅速地做出各種反應以擺脫危機；緩慢漸進的危機降臨往往使人無法感覺到，正所謂「生於憂患，死於安樂」。所以我們應該時刻注意自己的行為習慣，養成良好的習慣，不要讓小毛病最終成為不可挽回的大問題。

視網膜效應

　　視網膜效應（Retinal effect）是指當人們產生某種需要或想法時，就會特別留意相關事務，而那些不相關的訊息就會被無意識地過濾掉，從而產生選擇性注意，這種現象被稱為視網膜效應。

　　比方說如果有人買了一輛白色的高級休旅車後，覺得自己品味獨到又能炫耀自己的財力，但開車上路後，往往會發現不論是在高速公路上或停車場中，都看到許多同款車，而這些是他之前沒注意聚焦到的。他開始覺得很奇怪，為什麼大家突然間都開始買白色的休旅車？另外一種狀況，可能有一位懷孕的女同事，懷孕期間感覺無論在哪裡都常會看到孕婦。但同一時期，其他人可能不會有常看到孕婦的感覺。

　　戴爾·卡內基（Dale Carnegie）曾提出一個論點，那就是每個人的特質中大約有 80% 是優點，而 20% 是缺點。當一個人只知道自己的缺點是什麼，不僅沒自信，視網膜效應也會促使這個人發現身邊許多人擁有類似的缺點，進而使人際關係無法改善，生活也不會快樂。

　　所以卡內基在創辦卡內基訓練時，就一直強調一個人要人緣好、要受人歡迎，一定要培養欣賞自己與肯定自己的能力。

因為在「視網膜效應」的運作下，一個看到自己優點的人，才有能力看到他人可取之處。而能用積極的態度看待他人，往往是搞好人際關係的必備條件。

武器效應

　　武器效應（Weapons effect）是 1978 年由著名社會心理學家雷納德·伯克維茲（Leonard Berkowitz）提出。 他認為挫折並不會導致人去攻擊他人，是內在挫折導致了外顯憤怒的產生，而憤怒再經由某種刺激引發後才轉變為攻擊行為，而這個刺激就是「武器」。

　　為了驗證以上的理論，伯克維茲設計了一個實驗，先讓助手 A 在實驗中製造挫折情境去激怒受試者，然後實驗安排讓受試者可以對激怒自己的助手 A 電擊報復。

　　電擊時有兩種情境：

1. 桌子上放著一支手槍。
2. 桌上放著到一支羽毛球拍。

　　實驗結果符合一開始的假設理論，也就是被激怒的受試者在看到手槍的情境中，比看到羽毛球拍的情境，使用了更強烈也更多次的電擊。也就是說，看見手槍會增強人們攻擊傷害行為，這效應後來就被稱為武器效應。

　　這個實驗告訴人們，社會暴力事件可能與環境中能刺激暴力的「武器」有關。正如同伯克維茲所說：「槍枝不僅使暴力成為可能，也刺激了暴力產生。手指摳動扳機，扳機也帶動

手指。」

　　而武器效應的延伸討論，包括在社會上武器應不應該管控？應不應該限制購買槍枝或其他武器？甚至可以探討坐擁強大軍火的人是否有可能是潛在的恐怖份子。

　　2018 年 1 月，美國就已發生 11 起校園槍擊案，同年 2 月 14 日更發生讓全美震驚哀痛的學校槍擊案，一名槍手在佛羅里達州南部派克蘭（Parkland）的斯通曼道格拉斯中學（Marjory Stoneman Douglas High School）校園掃射，造成 17 人死亡、引起全美高度關注和討論槍枝管控的議題，美國部分民眾和學者認為，美國槍擊傷亡案層出不窮，跟民眾可以輕易購買武器有所關聯。

　　2018 年 3 月 26 日台灣藝人狄鶯和孫鵬的兒子孫安佐揚言要帶槍掃射美國賓州「邦納和普倫德加斯特天主教高中」（Bonner and Prendergast Catholic High School），因其涉嫌恐怖攻擊被美國警方逮捕，警方並在其寄宿家庭搜出槍枝和超過千發子彈，引起各界震驚，這也是武器效應可以延伸探討的事情。

吊橋效應

吊橋效應（Capilano Suspension Bridge effect）是指當一個人提心吊膽地過危險吊橋的時候，會不由自主地心跳加速、緊張害怕。此時如果碰巧遇見一位心儀對象，那麼他可能會誤以為眼前這位對象讓自己「小鹿亂撞」，進而衍生出愛戀情愫。

1974 年，加拿大心理學家亞瑟·阿倫（Arthur Aron）和唐納德·杜頓（Donald Dutton）在加拿大溫哥華的卡皮諾拉吊橋（Capilano Suspension Bridge）進行了實驗。

卡皮諾拉吊橋全長約 137 公尺，寬約 1.5 公尺，百年來吊橋便用 2 條粗麻繩及香板木懸掛在高約 70 公尺的卡坡拉諾河上，吊橋常因為風吹而來回擺動，令人心生懼意。研究小組讓一位漂亮的年輕女士站在橋中央，等待著 18 到 35 歲的沒有女朋友的男性過橋，並告訴那些過橋男性，她希望他能夠參與正在進行的一項調查，她向他提出幾個問題並給男性她的電話號碼。

然後同一個實驗在另一座高度 3 公尺高的普通小橋上又進行了一次。同一位漂亮女士向過橋的男士出示了同樣的調查問卷。

結果走過卡皮諾拉吊橋的男性認為這位女士更漂亮，大概有一半的男性後來打過電話給她。而那個穩固的小橋上經過的 16 位不知名的男性受試者中，只有兩位打過電話給她。

在危險的情境中，人們會不自覺地心跳加快，而根據情緒的二元理論（Two-factor theory of emotion），人們會對自己的生理表現尋求一個合適的解釋。在吊橋上的男生對自己的生理反應有兩種可能推測，一種是因為美女調查者的無窮魅力讓自己意亂神迷，另一種是因為吊橋的危險讓自己心驚膽跳。兩種解釋都有道理，而真正的原因卻是難以確認的。當把心跳加速和呼吸急促錯誤歸因（Misattribution of arousal）是美女使自己心動，進而產生出戀愛的感覺，就是吊橋效應的表現。

有句話說「男人不壞、女人不愛」，一部分也驗證了吊橋效應，因為比較壞的男生較可能會做出較為冒險刺激或不安全的舉動，女生可能因此感到害怕、緊張、刺激或激動，這些臉紅心跳的生理反應，容易產生吊橋效應，讓女生反向歸因認為自己對危險男性心動。吊橋效應之後還有其他相關實驗。

【實驗一】

實驗中，研究者找到一位漂亮的女性做為研究助手，請

她到一些大學男生中做一個調查。調查的內容並不複雜，首先，讓這些男生完成一個簡單的問卷，然後，根據一張圖片編一個小故事。實驗的特別之處在於，參加實驗的大學生被分為三組，分別發生在三個不同的地點調查。

- 第一組：一個安靜的公園。
- 第二組：一座堅固而低矮石橋上。
- 第三組：一座危險的吊橋。

這位漂亮的女性在對所有的大學生進行完簡短的調查之後，她把自己的名字和電話號碼都告訴了每一個參加實驗的大學生。如果他們想進一步瞭解實驗或者跟她聯繫，則可以打電話給她。研究者所要探討的問題是：大學生們會編出什麼樣的故事，誰會在實驗後給漂亮的女助手打電話？

實驗結果發現：與其他兩組相比，在危險的吊橋上參加實驗的大學生給女調查者打電話的人數最多，而他們所編撰的故事中，也含有更多的愛情元素。

實驗二

在試驗中，讓一組人跑步十分鐘，跑步之後立刻觀賞女大學生的自我介紹影片，結果，跑步時間較長的男大學生，能更強烈地感受到美女們的魅力。運動後的人更容易被照片上的

帥哥美女所吸引。這說明，如果一個人在與別人會面時精神處於
非常激動的狀態，那就會大幅增加其獲得浪漫感覺的機會。也表
明，在驚慌、激動和愛慕之間存在著緊密的聯繫。

情緒效應（野馬結局）

　　情緒效應（Emotional effect）又被稱為「野馬結局」，指的是情緒很重要，不僅會影響別人對自己的印象，也會有交互影響、情緒傳染。

　　在非洲草原上，有一種身體極小的吸血蝙蝠，這種蝙蝠常附在野馬腿上吸食鮮血。野馬受到這種外來的挑戰和攻擊後，馬上開始蹦跳狂奔，但卻總是無法驅逐這種蝙蝠。而野馬常常在暴怒、狂奔、流血中無可奈何地死去。

　　動物學家研究後認為吸血蝙蝠所吸的血量是微不足道的，不會讓野馬死去，對野馬來說，蝙蝠吸血只是外因，而野馬對這一外因的後續劇烈情緒反應和激烈狂奔，才是導致死亡的真正原因。

　　情緒的力量有多大，另外一則寓言故事告訴你。

　　有一天早晨，有一位智者看到死神問：「你要做什麼？」

　　死神：「我晚上要到前方那個城市裡去帶走 100 個人的生命。」

　　這個智者告別死神並搶在祂前面跑到那座城市裡提醒所遇到的每一個人「大家小心，死神即將來奪走 100 個人的生命！」

結果當天竟然有 1000 個人死亡，第二天早上智者找死神興師問罪：「昨天你說要帶走 100 個人的生命，可是為什麼有 1000 個人死了？」

死神看了智者笑說：「我從不多帶走人，我確實只帶走 100 個人。是你散播的恐懼和焦慮，帶走了另外 900 人。」

另外一個例子：

古代阿拉伯學者阿維森納，曾把同一隻母羊所生的兩隻小羊置於不同的環境：一隻小羊隨羊群在水草地快樂地生活；而在另一隻小羊旁拴了一隻狼，牠總是看到那隻野狼在自己面前張牙舞爪發出威脅吼聲，在長期極度驚恐的狀態下，小羊根本吃不下東西，不久就因恐慌而死去。

各種醫學實驗和證據也告訴我們：恐懼、焦慮、抑鬱、嫉妒、敵意、衝動等負性情緒，長期會導致降低免疫力、增加癌症風險、罹患身心疾病，甚至死亡都有可能。不好的情緒甚至可以造成死亡。實際上，在我們的生活中，這樣的效應每天都在發生，只不過我們往往忽略情緒的重要性，甚至對傷害習以為常。

「人生不如意十之八九」，人生難免會遇到不順心的事，若不能平常心看待，情緒容易激動、甚至暴跳如雷，不僅會影響人際關係，也會危害自身健康。管理情緒就是管理人生的開

始。當發現所有事情都不如意，先反思一下自己是否陷入了情緒的困境。冷靜一下再出發。

鱷魚法則

　　鱷魚法則（Alligator principle）其原意是假定一隻鱷魚咬住你的腳，如果你用手去試圖掙脫你的腳，鱷魚便會同時咬住你的腳與手。你愈掙扎被咬住得越多。所以，萬一鱷魚咬住你的腳，你最好的辦法就是犧牲一隻腳。

　　譬如在股市中，當你發現自己的交易背離了市場的方向，必須立即停損，不得有任何延誤，不得存有任何僥倖。

　　鱷魚法則接近中國的成語「壯士斷腕」，壯士斷腕指的是勇士的手腕如果被毒蛇咬傷，應該要立即截斷，以免毒性擴散全身。比喻作事要當機立斷，不可遲疑姑息、因小失大。

壁虎遇到危險　會自行切斷尾巴逃生

認知失調

認知失調（Cognitive dissonance）指的是在同一時間有著兩種相矛盾的想法，因而產生了內在自我的不舒服緊張矛盾感，「認知」包括看法、情緒、信仰或行為等。

1956 年，美國社會心理學家利昂•費斯廷格（Leon Festinger）首次於其著作《當預言落空（When Prophecy Fails）》中提出了此一理論，並於 1959 年獲美國心理學會頒發的傑出科學貢獻獎。

費斯汀格在《當預言落空》中記錄了一件真人真事：1954 年，一位名叫瑪莉安‧基奇（Marion Keech）的家庭主婦，宣稱在家中收到來自外星人對人類的末日預言，指同年 12 月 21 日午夜，大西洋的海水會急速升起淹沒世界，唯獨相信一位名為薩納德（Sanander）的神才能得救。後來她召集了數十名信徒，成立了一個幽浮末日教派。部分教徒不惜辭退工作、變賣家產，只為了做準備來迎接世界末日。

這事件引起了社會媒體關注，費斯汀格假裝信徒混進團體之中。到了 12 月 21 日午夜，相信預言的信徒齊聚一堂等待世界末日，但最終大西洋的海水仍未升起，世界也沒被淹沒。可是為數不少的的信徒卻仍認為預言為真，世界末日沒發生的

理由是因為他們的「念力」感動了上帝，令世界免於毀滅。上述事件，正是說明認知失調的經典事例。

人們通常會先入為主相信一些觀念，到遭遇徹底對立的觀念，信念之間出現矛盾不安，隨之尋找一些自我安慰的主觀理由，尋找各種理由堅持原有一致的觀念。

為了研究認知失調，費斯汀格進行了一個「無聊實驗」，他找來一些受試者，要求他們花一小時去做極為無聊的事情，例如不停地轉動木板上的木栓，並要求他們欺騙其他後面的無知參與者說轉動木栓這實驗很有趣和很有意義。

他將受試者分成兩組：

- 一組得到 1 元美金酬勞
- 另一組得到 20 元美金酬勞

結果拿到 1 元的人很用力的「說服自己」這個實驗是「美好的、富有教育意義的」，並且也努力的「說服別人」相信他的說法。而另一組卻依然認為自己遵照遊戲規則，成功欺騙其他人浪費了一小時。

費斯汀格進一步推斷，以一元的回報去騙人，情感上難以說服自己，他們會扭曲認知，寧願相信這件事「有趣味之處」，相反，取得二十元欺騙他人有點值得，便較難出現「認知失調」的情況。

前景理論（展望理論）

前景理論（Prospect Theory），又稱「預期理論」或「展望理論」，前景理論是一個行為經濟學理論，為以色列裔美國心理學教授丹尼爾·康納曼（Daniel Kahneman）和阿莫斯·特沃斯基（Amos Tversky）提出的。前景理論的假設之一是，每個人基於初始狀況（參考點位置）的不同，對風險會有不同的態度，康納曼因此理論獲得 2002 年的諾貝爾經濟學獎。

1970 年代時，當時的主流經濟學都認為每個人作決定時都是「理性」的，然而現實情況並不如此。1979 年，康納曼和特沃斯基發現，在不同的風險預期條件下，人們的行為雖然不理性，但有些傾向是可以預測的。

前景理論的四個基本結論

1. 【確定效應】：大多數人在面臨獲利的時候是風險規避的。「二鳥在林，不如一鳥在手。」而在確定的收益和「賭一把」之間，多數人會選擇確定的好處。所謂「見好就收，落袋為安。」

2. 【反射效應】：大多數人在面臨損失的時候是風險喜好的（反射效應），在確定的損失和「賭一把」之間，做一個抉擇，多數人會選擇「賭一把」。

3. 【參考依賴】:大多數人對得失的判斷往往根據參考點決定，例如在「其他人月入 6 萬元，你 7 萬元」跟「其他人月入 9 萬元，你月入 8 萬。」兩者之間，大部分人會選擇前者。

4. 【規避損失】:大多數人對損失比對收益更敏感，白撿的 100 元所帶來的快樂，難以抵消丟失 100 元所帶來的痛苦。

簡言之，人在面臨獲利時，不願冒風險;而在面臨損失時，人人都成了冒險家。損失的痛苦比獲得所帶來的喜悅更敏感，而損失和獲利的判斷仰賴參照點，改變參照點也會改變對風險的評估。前景理論還有幾點理論:

- 經歷兩次獲得所帶來的高興程度，大於把兩個獲得加起來一次所經歷的高興程度。

- 而兩個損失結合起來所帶來的痛苦，小於分別經歷這兩次損失所帶來的痛苦程度總和。

- 人們不僅看重財富的絕對量，更加看重的財富的變化。

- 前期的決策的實際結果會影響後期的風險態度和決策。前期盈利可以使人的風險偏好增強，而前期的損失會讓風險厭惡程度也相應提高。

卡尼曼在做諾貝爾演講時，特地談到了一位華人學者——芝加哥大學奚愷元教授。奚教授於 1998 年發表「冰淇淋實驗」：兩杯哈根達斯冰淇淋，一杯冰淇淋 A 有 7 盎司，裝在 5 盎司的杯子裡面，看上去快要溢出來了；另一杯冰淇淋 B 是 8 盎司，但是裝在了 10 盎司的杯子裡，所以看上去還沒裝滿。你願意為哪一份冰淇淋付更多的錢呢？

　　如果人們喜歡冰淇淋，那麼 8 盎司的冰淇淋比 7 盎司多，如果人們喜歡杯子，那麼 10 盎司的杯子也要比 5 盎司的大。可是實驗結果表明，在分別判斷的情況下（不能把這兩杯冰淇淋放在一起比較），人們反而願意為份量少的冰淇淋付更多的錢。人們願意花 2.26 美元買 7 盎司的冰淇淋，卻只願意用 1.66 美元買 8 盎司的冰淇淋。

　　大部分人做決策時，並不是去精密計算物品的真正價值，而是仰賴某個容易的標準去協助判斷。比如在冰淇淋實驗中，人們參考的其實是冰淇淋到底「滿不滿」來決定支付價格。

　　再看一個奚教授做的「餐具實驗」。當你想買餐具時看到一套餐具，有 8 個盤子、8 個湯碗和 8 個點心碟，共 24 件，每件都是完好無損的，那麼你願意支付多少錢買這套餐具呢？如果你看到另外一套餐具有 40 件，其中 24 件和剛剛提到的完全相同，而且完好無損，另外這套餐具中還有 8 個杯子和 8

個茶托，其中 2 個杯子和 7 個茶托都已經破損了。你又願意為這套餐具付多少錢呢？實驗結果發現，在不知道有另外一套餐具的情況下，人們願意為第一套餐具支付 33 美元，卻只願意為第二套餐具支付 24 美元。

雖然第二套餐具比第一套多出了 6 個好的杯子和 1 個好的茶托，人們願意支付的錢反而少了，這是為什麼呢？因為 24 件和 31 件的數量差別，如果不互相比較很難引起注意，但是餐具到底完好無缺還是有部分破損，卻是很容易判斷的。

其實大到聯合國的公共決策都可能發生這種決策偏差。來看這個實驗：假設太平洋上有小島遭受颱風襲擊，聯合國要抉擇要捐多少錢給這個小島。這兩種狀況你分別會捐多少呢？

1. 小島上有 1000 戶居民，90% 居民的房屋都被颱風摧毀了。

2. 小島上有 18000 戶居民，其中有 10% 居民的房子被摧毀了。

從客觀的角度來講，第二種情況下的損失顯然更大。可是實驗結果顯示，在不知道有另外一種假設的情況下，人們覺得第一種狀況聯合國需要支援 1500 萬美元，但在第二種狀況，人們覺得聯合國只需要支援 1000 萬美元就可以，這也是種認知偏差。

[好書推薦]

《向菸酒毒說 NO!》

林子堯、曾驛翔 醫師著

隨著社會變遷，人們的生活壓力與日俱增，部分民眾會藉由抽菸或喝酒來麻痺自己或希望能改善心情，甚至有些人會被他人慫恿而吸毒，但往往因此「上癮」而遺憾終身。本書由兩位醫師花費兩年撰寫，內容淺顯易懂，搭配趣味漫畫插圖，使讀者容易理解。此書適合社會各階層人士閱讀，能獲取正確知識，也對他人有所幫助。

定價：250 元

《刀俠劉仁》

獠次郎（劉自仁） 著

以台灣歷史為故事背景的原創武俠小說，台灣有許多可歌可泣的本土故事，卻被淹沒在歷史的洪流中，獠次郎以台灣歷史為背景，融合了「九曲堂」、「崎溜瀑布」、「義賊朱秋」等在地鄉野傳奇，透過武俠小說的方式來撰述，帶領讀者回到過去，追尋這塊土地的「俠」與「義」。

定價：300 元

購買書籍可至誠品、金石堂、博客來或白象文化購買
如大量訂購（超過 10 本）可與 laya.laya@msa.hinet.net 聯絡

[好書推薦]

《 不焦不慮好自在：和醫師一起改善焦慮症 》

林子堯、王志嘉、曾驛翔、亮亮 等醫師著

焦慮疾患是常見的心智疾病，但由於不了解或偏見，讓許多人常羞於就醫或甚至不知道自己得病，導致生活品質因此受到嚴重影響。林醫師以一年多的時間撰寫這本書籍。本書以醫師專業的角度，來介紹各種焦慮相關疾患（如強迫症、恐慌症、社交恐懼症、特定恐懼症、廣泛型焦慮症、創傷後壓力症候群等），內容深入淺出，希望能讓民眾有更多認識。

定價：280 元

《 你不可不知的安眠鎮定藥物 》

林子堯 醫師著

安眠鎮定藥物是醫學上常見的藥物之一，但鮮少有完整的中文衛教書籍來講解。林醫師將醫學知識與行醫經驗融合，撰寫而成的這本衛教書籍，希望能藉由深入淺出的文字說明，讓民眾能更了解安眠鎮定藥物，並正確而小心的使用。

定價：250 元

台灣原創醫院系列漫畫　　榮獲「金漫獎」首獎

醫院也瘋狂 8

雷亞+兩元

台灣原創醫院漫畫【醫院也瘋狂】1-8 集，榮獲各大獎項肯定，讓你開懷大笑之餘也能學習正確醫學知識。

f 醫院也瘋狂

於是空白與這條
充滿冒險的護理之路

作者 於是空白

f 於是空白 🔍

萌萌護理師畫家「於是空白」首本個人漫畫，讓你笑中帶淚
地瞭解台灣基層護理人員的成長故事。

《網開醫面》

網路成癮、遊戲成癮、手機成癮必讀書籍

林子堯醫師及謝詠基醫師著

　　網路成癮是當代一大問題，不管是在搭車、上課、或是吃東西時，你「抬頭」環顧四周，常會發現身邊盡是「低頭族」。隨著科技進步，網路越來越發達，使用的人數也與日俱增，然而網路雖然帶來許多便利與聲光娛樂效果，但過度依賴或使用網路產生的相關問題也越來越嚴重，這幾年來我鑽研了許多網路成癮的知識，也向許多醫界先進、電玩遊戲公司與遊戲玩家們請益學習，因此花費了長達四年的時間才出版，希望對大家能有所助益。

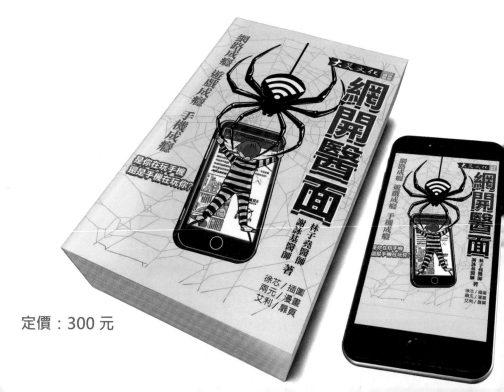

定價：300 元

記憶感應師

金鼎獎
金像獎

作家

高永 著

繪

潛心創作五年，奇幻
大師高永的最新小說

不要按紅色按鈕！
醫師教你透視人性盲點

作者：林子堯醫師（雷亞）

出版：大笑文化

感謝：何錦雲編輯、林組明、洪大、蔡姊、Joe Ding、Victor Wang

圖畫：徐芯（插圖）、兩元（漫畫）、綺芸（感謝扉頁）

排版：Ijea Studios

E-Mail：laya.laya@msa.hienet.net

經銷：白象文化事業有限公司經銷部

電話：(04)2220-8589

地址：40144 台中市東區和平街 228 巷 44 號

初版：2018 年 07 月

定價：新台幣 350 元

ISBN：978-986-95723-1-6

不要按紅色按鈕！醫師教你透視人性盲點 / 林子堯作 . --
初版 . -- 桃園市：大笑文化, 民 107.07
ISBN 978-986-95723-1-6（平裝）
1. 行為心理學
176.8 107006240